西北八门拳技踪述

吕 群 编著

东北大学出版社
Northeastern University Press
·沈阳·

ⓒ 吕 群 2021

图书在版编目（CIP）数据

西北八门拳技踪述 / 吕群编著. -- 沈阳：东北大
学出版社，2021.12
ISBN 978-7-5517-2652-8

Ⅰ．①西… Ⅱ．①吕… Ⅲ．①拳术－基本知识－中国
Ⅳ．① G852.19

中国版本图书馆 CIP 数据核字 (2021) 第 237004 号

出 版 者：东北大学出版社
　　　　　地址：沈阳市和平区文化路三号巷 11 号
　　　　　邮编：110819
　　　　　电话：024-83687331（市场部）　83680181（研发部）
　　　　　传真：024-83680180（市场部）　83687332（社务部）
　　　　　网址：http://www.neupress.com
　　　　　E-mail: neuph@neupress.com
印 刷 者：武汉鑫佳捷印务有限公司
发 行 者：东北大学出版社
幅面尺寸：170 mm × 240 mm
印　　张：17.75
字　　数：236 千字
出版时间：2021 年 12 月第 1 版
印刷时间：2022 年 3 月第 1 次印刷
策划编辑：罗　鑫
责任编辑：杨　坤
责任校对：魏雪莲
封面设计：叶杨杨
责任出版：唐敏志

ISBN 978-7-5517-2652-8　　　　　　　　　　定　价：98.00 元

序 言

20世纪80年代，郝心莲先生在《武魂》《武林》等期刊上陆续发表了西北八门拳的系列文章，这应该是全国范围内最早公开的对西北八门拳技的系列化介绍。1990年9月人民体育出版社出版了《八门拳术》（中华武术文库拳械部拳术类著述之一），1992年10月北京体育学院出版社出版了《炮拳·九环捶》，1993年6月人民体育出版社出版了《中国武术拳械录》（中华武术文库理论部著述），1993年9月新疆科技卫生出版社出版了《天启棍研究》，等等，这些20世纪90年代的著作，又将八门拳技从系列化的简介推向了系统化的介绍。

中华武术文库理论部著述《中国武术拳械录》，作为20世纪80年代全国武术挖掘整理工作的收官之作，全面收集、整理、介绍了我国武林界71种拳派，其相当于首次以国家为主导，对当时国内武术流派开展的全面普查工作，意义非同小可。

《中国武术拳械录》在针对西北八门拳派的论述里，介绍了18种拳法、23种器械、8种对练，合计49个拳技套路。中华武术文库拳械部拳术类著述《八门拳术》，将八门拳技分为锤拳、单拳、封手拳三大门类，提及了多达30种拳术的名称，并较为详细地介绍了撕拳、八门通背、八门母子、十排手。这些介绍促使西北八门拳派得到武林人士的广泛认可，并成为中华武林的重要组成之一。

全国武术挖掘整理时期，老一辈民间艺人基本都经历过封建社会、半殖民地半封建社会。他们不仅经历过动乱的战争年代，而且经历了思想上留有烙印的"文革"时期，再加上武术传承方面原有的封建糟粕，民间老艺人出于各种各样的原因，大多还比较封闭保守。这种社会与人文背景的因素，难免对全国武术挖掘整理工作产生一定影响，甚至留有某些缺憾。比如在当时的年代，没有几个老艺人敢细说自己的武艺和旧社会官僚、军阀、匪盗的传承关系；也没有几个老艺人敢谈及自己武艺理论中宗教、迷信的体系；更没有老艺人敢承认自己的武艺和旧社会民间秘密道教会的关系；等等。在这些思想与顾虑影响下，一些老艺人大多对上述问题采取回避的态度。

虽然说历史的背景导致武术挖掘整理存在些许缺憾，但20世纪80年代武术挖掘整理的成果还是有非常珍贵的一面。首先，当时的社会文化背景，没有受到商业化利益驱动的影响，不存在商业包装的浮夸和编纂。其次，武术表演化的发展道路，并没有完全脱除武艺技击性的本色，这与武术至今发展到表演比赛职业化、舞台艺术化有着巨大差异。最后，当时众多的老艺人还是诚恳、朴实的农民、市民，他们并不依靠武艺养家糊口，这与时下武术成为职业，极尽商业化的发展有着本质区别。因此，上述三个方面决定了20世纪80年代的武术挖掘整理成果，也决定了其具有真实性和朴实性的珍贵价值。

纵观目前的著述与学术成果，归纳起来，让人觉得歌诀拳谱介绍得多，拳理要素介绍得少；武艺套路介绍得多，功法基础介绍得少；史传人物介绍得多，传承方法介绍得少；手抄本籍记载引用得多，考证研究证明得少，甚至一些论著学说，其真实性、严谨性远不及 20 世纪八九十年代的学术内容。或许是存在这些不足与缺憾，多多少少地促成西北八门拳技众说纷纭的现状，甚至不乏"以讹传讹"现象。

　　本书在依据武林前辈学术成果的基础上，着重于后学自身所获"言传身教"的内容，并加以深入研究和探索，总结和揭示一些之前不曾引起关注的内容，也算是为西北八门拳技传承与发展做点有意义的工作。

　　本书能够编辑成书，需要感谢韩光明、尹兆禄、李福安、柳永孝、陈克信等师傅的传授和教导，他们在传授武艺的同时，难能可贵地提供了珍贵和丰富的资料。感谢尚自正、彭维国、李飞、崔国斌、刘震、蔡军华、崔晓军、甄长红、高涛、董学民、帅海荣、赵鹏、蒋建波、赵戎、嘉世刚、刘小平等武友及朋友的支持与鼓励。由于编者信息资源来源的局限性，且部分内容亦属一家之言，仅供探讨，所以本故书中难免存在缺陷与不足，恳请广大八门拳技爱好者批评指正，以待日后完善。

吕　群

2019 年 12 月于北京

目　录

八门拳技之"八门"

一、引言

新中国成立之初，成立了中华全国体育总会。1950 年，中华全国体育总会在北京召开了武术工作座谈会，会议提出倡导、发展武术，正式把武术提到新中国体育工作的议事日程。

1953 年在天津举办了全国民族形式体育表演及竞赛期间（实际为首次举办的全国性武术表演大赛），时任政务院副总理兼国家体委主任贺龙元帅提出了对武术"发掘、整理、提高、推广"的八字方针，对武术的发展有着重要的指导意义。这次大赛也是探索如何发展武术的尝试性大会，暴露出的问题很多，对日后的政策导向产生了极为重要的影响。

经过几年的研究探讨，1956 年通过了《中华人民共和国运动竞赛制度暂行规定（草案）》，正式规定把武术列为表演项目。同年 11 月在北京召开武术表演大会，有 12 个省市共 96 名代表参加了大会。会上首次试行打分办法，区分运动员技术水平的高低，使武术竞赛又朝打分制规范化方向前进了一步。

1957 年通过《关于 1956 年体育工作总结及 1957 年工作的要求》，第一次把武术列为国家竞赛项目。同年 6 月 16—21 日，全国武术表演评比大会在北京举行，有 27 个省、市、自治区 183 名男女运动员参加，至此，武术项目正式成为打分制竞赛表演项目。

1958 年新中国武术协会成立，为普及武术运动，协会积极倡导武术成为强身健体的群众性体育运动。

1979 年 1 月，国家体委下发《关于挖掘、整理武术遗产的通知》，并于当年 5 月在广西南宁召开了第一届全国武术观摩交流大会，这次观摩交流大会的主题之一就是展现传统武术，并推动挖掘整理工作的开展，来自全国 29 个省、市、自治区和香港、澳门地区的 284 名运动员表演了各种流派的武术项目达 510 项。

1982 年 12 月，国家体委召开了全国武术工作会议，提出"挖掘传统武术，抢救武术文化遗产，是当前的急迫任务"。随后国家体委成立了武术挖掘整理（简称挖整）领导小组，负责统一部署全国武术挖掘整理工作，全国各省、市、自治区都相应成立了自己的挖掘整理办公室，专门负责当地的武术挖掘整理工作。由此，自 1983 年起，全国各地的武术挖掘整理工作渐次展开。

1983 年，在南昌召开了全国武术挖掘整理工作会议，会议布置了《全国武术挖掘、整理工作计划》，全国大规模的挖掘整理就此铺开，并进入高潮。

1986 年 3 月 24—28 日，第二次全国武术挖掘整理成果汇报大会在北京召开，并举办了"武术遗产挖掘整理成果展览"。据介绍，武术挖掘整理期间，全国 2000 多个市县中，挖掘整理人员到访 1148 个市县，采访老拳师4826人，征集文献资料1318本，为拳师录像1317人，为套路录像3364套，共收获482本武术抄本、稿本和秘籍，392件古兵器，其他实物29件，70岁以上老拳师拳艺录像394.5小时，可谓成果丰硕。会议正面评价了整个挖掘整理工作，并对有贡献的个人和集体颁发奖状、奖金。随后的几年中，虽然有些地区还在进行自己的挖掘整理活动，但是历时三年的全国范围的武术挖掘整理工作至此算是告一段落。

1990年以后，《中国武术拳械录》《武术大全》《八门拳术》等书籍的陆续出版，代表着武术挖掘整理工作的丰硕成果。

了解武术作为国家竞赛表演项目的发展的历史，以及国家武术挖掘整理工作的历史，有助于理解本文所介绍内容的历史背景，特别是八门拳技正是通过武术挖掘整理工作，才被世人所逐渐了解。而实际在挖掘整理工作中，八门拳技老拳师受政治运动后遗症的影响，多少存在一些顾虑和回避的内容，甚至还有个别老拳师抵触1957年以来确定的竞赛表演武术，他们认为自己练的是武艺、拳技、功夫、国术，不是武术。所以，受种种因素的影响，八门拳技一些实质的内容，存在进一步挖掘、整理、补充的需求。

二、八门拳不同门宦的解读

（一）郝心莲《八门拳术》

郝心莲，1943年出生，江苏沛县人，毕业于兰州艺术学院、北京体育大学(原北京体育学院)研究生部，著名武术家、书画家。中国当代武林百杰、中国武术九段，中国武协委员、科研委员会副主任。曾任甘肃省武协主席，

《当代体育》杂志社记者，《体育科研》总编。自幼习武，先后师从技击圣手罗克功、一代武儒王天与、著名武术家张文广等，深得诸先生的功夫真谛。精于形意、八卦、太极、螳螂、八门、八极、通臂、排子棍、琵琶棍、扭丝棍、四门棍、鞭杆、纯阳剑、绵袍剑、青龙剑、八式剑、武松刀、太保刀、高家枪、六合枪、混元刀等拳械，多次赴美国、西班牙、阿根廷等国家和地区参加世界杯武术高段位名人大赛，并荣获八卦掌、形意拳冠军。尤对技击一道颇有造诣。功夫纯熟，技艺精湛，深受师门同道推崇。诗、书、画、篆刻亦称绝活，被誉为"文武全才"。

郝心莲教授应该说是在国家正式出版发行刊物上介绍八门拳技的第一人，为宣传推广西北八门拳武艺作出很大贡献。最早的有关八门拳的文献，主要是借助于20世纪80年代全国武术挖掘整理工作，并陆续发表在当年影响力最大的《武林》杂志上。1990年9月，人民体育出版社出版发行了郝心莲教授的八门拳专著——《八门拳术》，这本书是在全国武术挖掘整理工作基础上编著整理出的成果。

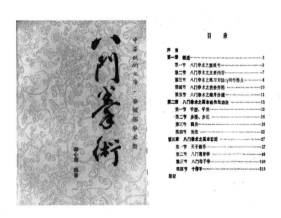

图 1 《八门拳术》

《八门拳术》第一章第一节《八门拳术之源流考》里有这样的记述：

"据八门拳谱炎亭揣辩篇载:'炎亭曰,昔诸葛武侯始作八门乃超吉凶要术。按文王之八卦,乾、坎、艮、震、巽、离、坤、兑,立休、生、伤、杜、惊、死、景、开八字,造八阵图,内藏天干、地支、五行、六甲……'"

图2 《八门拳术》所载八门拳术步势图的主要布局

"以上史料和八门拳谱所载告诉了我们八阵图之来源以及诸葛武侯造八阵图之始因,也进一步说明了八门拳的创编者以八阵图创八门拳,并以八阵图的理论内容作为八门拳术拳理的蛛丝马迹。这从拳谱中所载八门拳术步势图的图形及其内容与八阵图所包括的内容,略加对比分析便一目了然……我认为八门拳的创拳基础与其理论根据完全是从八阵图而来。"

"'八门拳谱'载:'刘伯温先生以八卦立八门,以粘、连、擒、摺、破、缠、滚、脱为势,造八门武艺名目。令后世之人知吉凶进退,……所有鞭、铜、锤、抓、钩、镰、枪、棒亦不出乎八门之外也……'"

《八门拳术》对八门的解读可以明确为:

依据文王之八卦之乾、坎、艮、震、巽、离、坤、兑。

建立了八阵图中的休、生、伤、杜、惊、死、景、开。

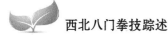

八门武艺造势名目是粘、连、擒、摺、破、缠、滚、脱。

更广地来看武艺不出鞭、铜、锤、抓、钩、镰、枪、棒。

（二）徐才《中国武术拳械录》

徐才（1926—2019），山东邹城人，19岁参加革命，曾在北平、天津进行党的地下工作。毕业于北平大学。新中国成立后长期从事青年工作和新闻工作，曾任共青团天津市委委员，后选为团中央委员，国家体委政治研究负责人。1977年7月任国家体委党组成员、体育报社负责人。1981年任国家体委副主任兼国家《体育报》社社长。曾任《中国青年报》副总编辑，国家计委研究室负责人，《体育报》总编辑、社长，中华全国体育总会副主席，国家体委副主任、国家体委武术研究院院长，中共国家体委纪律检查组组长，中国体育记者协会主席，全国新闻工作者协会主席团委员，中国武术协会主席，国际武协筹委会主任，亚洲武术协会主席，中国体育发展战略研究会副会长。

徐才主管20世纪80年代武术挖掘整理工作，人民体育出版社于1993年6月出版了徐才先生主编的《中国武术拳械录》。该书按照汉字笔画进行目次排序，八门拳因此排在首位。

图3 《中国武术拳械录》

《中国武术拳械录》记述八门拳的内容摘录如下:

"八门拳以古代阴阳学说为指导思想,采八卦之原理,依其变化,结合武术技击规律,生拳八法,推演出八门拳法。

八门拳演练遵八法之规:

(1)手八法:平分手、立分手、平腕手、牵元手、点骨手、研髓手、翻竿手、舞花手。

(2)身八法:吞胸、凸背、垂肩、抱肘、紧裆、松胯、换步、扁形。

(3)上八法:翻、粘、叠、闪、搂、打、滕、封。

(4)下八法:踢、弹、扫、挂、丁、弓、扭、拐。

(5)缠打八法:锤奎夺带、风摆荷叶、野马闯槽、倒摘金冠、珍珠卷帘、白马脱缰、狮子滚球、力劈华山。

(6)顾腿八法:按掌贯肘、扭步拓掌、顺梁半转、提腿顾腿、绊中进步、顺势勾挂、顺势下砸、换腿护腿。

(7)行八法:进速、退捷、左截、右拦、攻上、击下、前遮、后护。

(8)总八法:猫窜、狗闪、兔滚、鹰翻、鹿愕、猿柔、鹤立、虎扑。

手法讲究一势八番:切、劈、拓、削、按、推、斩、搁。要做到稳、准、狠、猛、密,出奇制胜。

步法讲究踏、遇、偷、掏、闪、越、窜、跟。要做到稳而不死,活而不乱,走步管步,进退自如。

腿法惯用暗腿,讲究踩、跺、桩、踹、铲、踪、勾、鼎。

八门拳还有九大法、十捶、十五斩、三十六跤。"

(三)马兆祥《八门拳浅析》

马兆祥先生是青海省八门拳研究会副主席,国家武术一级裁判,2018

年在《中华武术》杂志第 5 期发表了《八门拳浅析》一文。实际早在《八门拳浅析》发表以前，青海省八门拳研究会主席杨学海先生也对八门拳有过与该文类似的介绍，其介绍突出的拳理是休、生、杜、惊、死、伤、景、开，法理是闪、展、腾、挪、松、紧、滚、缠。《八门拳浅析》一文发表时间比较晚，但是相对来看，其介绍八门拳的内容却是最丰富的。

《八门拳浅析》一文介绍："八门"这一词最早出现于《太白阴经》，其他武术名著中对于八门的理解是以八卦原理为拳理：休、生、杜、惊、死、伤、景、开，故名八门，也可以进一步理解为闪、展、腾、挪、松、紧、滚、缠。八门拳的全名叫驷意八门拳。驷，主要是快的意思，也就是说应变能力快、出手快、步法快、转身快。

图 4 《八门拳浅析》

（资料来源：《中华武术》，2018 年第 5 期：84-85）

《八门拳浅析》对八门的解读可以明确为：

八门拳的拳理：休、生、杜、惊、死、伤、景、开。

八门拳的总理总法：松、紧、滚、缠、闪、展、腾、挪。

交手八法：轻、圆、漂、偬、猛、妙、快、奇。

形八法：猴进、狗退、燕飞、鹰翻、熊行、虎步、鱼摆、蛇窜。

身八法：挤、靠、投、撞、灵、让、化、引。

手八法：直、曲、挫、带、圆、空、弹、抖。

腿八法：扭、顶、弓、坐、提、壳、拐、点。

劲八法：带劲、沉劲、刮劲、圆抖劲、贯劲、程劲、摧劲、抨劲。

八大样：起、顿、吞、吐、沉、托、分、闭。

九大法：未文解带法、贤人解带法、三娘推磨法、披身神拿法、顺手牵羊法、小军回话法、分筋错骨法、死里造活法、轿夫换肩法。

（四）乌鲁木齐八门拳研究会《八门拳在新疆的发展》

新疆作为八门拳流传的地区，同样具有悠久的八门拳历史。据有关文献资料记载，在清末以及民国初年，新疆就已经流传有八门拳技。1875 年甘军提督董福祥随刘锦棠进兵收复新疆开始，一直到 1894 年，董福祥先后担任喀什噶尔提督、乌鲁木齐提督，并率领甘军在新疆驻守 19 年。驻守新疆的甘军将士，将流传于甘肃一带的八门拳技带到了新疆。同时，由于军民间军需物流、探亲访友、商贸交易等，促使民间八门武艺艺人来到新疆。现根据部分有据可查的门派讲述，早期来新疆传拳的有兰州金背蛤蟆、谢教师、马儒林、徐德魁、马国礼等老拳师。另外，兰州武林也有刘中岳（刘快手）、张百川在新疆传拳的传说。

图 5　《八门拳在新疆的发展》

（资料来源：新浪网·六路手（尚自正）的博客，2010.8）

2010 年 8 月，乌鲁木齐八门拳研究会秘书长尚自正，发表网络帖文《八门拳在新疆的发展》，也对八门拳之八门有如下介绍："八门拳的习练特点主要是依据八卦中的'生、死、休、伤、景、开、杜、惊'生成八门八打'踢、打、摔、拿、撩、挑、钩、挂'。习练时其身形以八字开合。手上下翻转阴阳步下踏八卦，劲道发力同形意拳。其主要表现形式有：一交、二分、三阴阳、四抓拿、五斜展、六刹步、七撞靠、八跤法。闪展腾挪有独特之处，强调手、眼、身、法、步的高度协调。在演练中讲究起一、进二、眼窥三、承前四、相连五、转为六、变化七、一字出洞八字合，高度概括了八门拳演练之内外联系和变化规律。"

《八门拳在新疆的发展》对八门的解读可以明确为：

八门：生、死、休、伤、景、开、杜、惊。

八法：踢、打、摔、拿、撩、挑、钩、挂。

八形：一交、二分、三阴阳、四抓拿、五斜展、六刹步、七撞靠、八跤法。

八合：起一、进二、眼窥三、承前四、相连五、转为六、变化七、一字出洞八字合。

（五）其他学术资料情况

1.《"中华武林百杰"中唯一的青海人》

图 6 《"中华武林百杰"中唯一的青海人》

（资料来源：青海新闻网，2009.7）

2009 年青海新闻网刊登祁万强的文章《"中华武林百杰"中唯一的青海人》，文章重点介绍了青海八门老拳师冶国福以及八门拳技在青海的发展情况。1945 年，15 岁的冶国福拜马怀德先生为师学习八门拳，后又拜马成乾、赵万英两位老拳师为师。文章还介绍了青海八门拳由兰州的著名拳师闵世杰（绰号"金蛤蟆"）、何兴斋将八门拳传给马怀德、苗玉龙、马子真、赵万英等老拳师。其实据兰州封手门记载，马怀德同时是"八大王"陈登魁的弟子。《"中华武林百杰"中唯一的青海人》一文中介绍："八门拳是八门武术的总称，是流传于我国西北地区的优秀传统武术拳种，拳理附会以三国诸葛亮的《八阵图》为依据。也有一说，八门拳以八卦原理为拳理，拳打休、生、杜、惊、死、伤、景、开，故名八门。"

2.《八门拳》

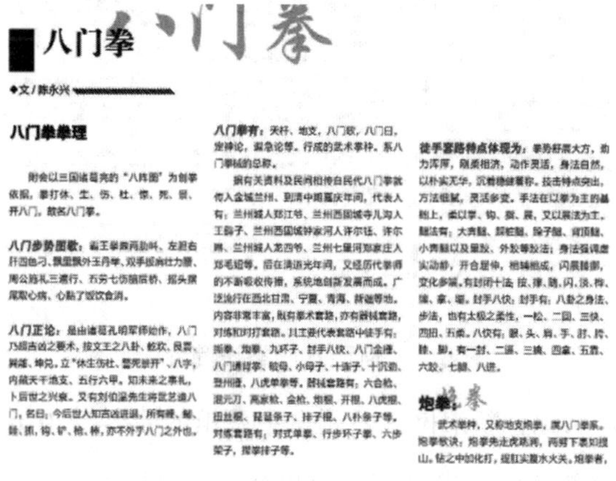

图 7 《八门拳》

（资料来源：《武魂》，2013 年第 3 期：34-36）

2013 年《武魂》第 3 期刊发了甘肃省八门拳研究会会长陈永兴的文章《八门拳》；2018 年 10 月，甘肃教育出版社出版发行了陈永兴主编的《八门拳总谱》。在这两个文献资料中也对八门拳之八门进行了简单介绍，其中主要内容为：八门拳拳理附会以三国诸葛亮的"八阵图"为创拳依据，拳打休、生、伤、杜、惊、死、景、开八门，故名八门拳。八门正论是由诸葛孔明军师始作，八门乃超吉凶之要术，按文王之八卦：乾坎、艮震、巽离、坤兑。立"休生伤杜惊死景开"八字，内藏天干地支、五行六甲。知未来之事礼，卜后世之兴衰。

陈永兴祖上为甘肃西北八门拳大家"八大王"陈登魁。陈永兴自幼跟随舅父许敬胜习练八门拳，后又拜"马氏四杰"之三马令达为师，习练通备武术。

3.《何氏八门拳法简介》

图8　《何氏八门拳法简介》

（资料来源：新浪网·兰州金牛武馆的博客，2016.12）

2016年网络新浪博客发表了由兰州金牛武馆馆长何占明（何氏拳法第六代传人）讲述，陈永兴编写的《何氏八门拳法简介》。文章介绍：何氏八门拳法是甘肃天水、陇西、定西、渭源以及兰州等地民间流传的武术套路。它由甘肃省陇西县武术世家何廷圭（清朝武状元，曾任山东省按察使）创立；以道家的阴阳八卦（乾、坎、艮、震、巽、离、坤、兑）为八门变法；

以五行（金、水、木、火、土）相生相克学说为势法；以六合拳之六合的功法理念为根基；以稳、准、狠、毒、勇、猛、短、疾的八字方针为攻防。

三、八门拳艺之 "八门" 的含义

（一）内、外场的八门

如前所述，从已经公开发表的论著来看，对八门拳艺之 "八门" 的含义解读，除了《中国武术拳械录》可能规避封建迷信的缘故，笼统地表述为 "以古代阴阳学说为指导思想，采八卦之原理，依其变化"，但考虑其关于八门拳的资料主要来源于郝心莲教授代表甘肃挖掘整理的内容，因此，可以认定各家一致的论述是 "拳打休、生、伤、杜、景、死、惊、开，故名八门"，而其余的内容都属于 "八法" 的范畴。

那么，八门拳艺的理论体系到底是如何展开的呢？

实际上，本门同人于 2005 年在中华国术论坛发表的《西北八门武艺介绍》一文里已经明确提及，他在 "八门武艺（二）——门宦说和师传简述" 中指出："诸葛亮的八门阵法是方位的总拿，拳要出窝，全依靠此说法。攻防除依赖方位外，重点就在于头、肩、肘、胯、手、背、膝、足八个门户。"

短短数语，没有过多解释，可能也就没有引起广泛的注意，但是其中透露的信息已经很全了，这就是内、外场八门的总成，即外场以拳打休、生、伤、杜、景、死、惊、开这八个门户为八门，也是丁字麻花拐、扭丝陀螺步及脚踏蝴蝶步等，拳打东西南北四面八方 "乱点梅" 的外场之法，内场以攻与防的头、肩、肘、胯、手、背、膝、足这八个门户为八门，施展翻颠倒插、翻缠跌打、翻腕叠打、封逼擒拿等种种内场之法。

八门拳技之"八法"的内容，主要也是建立在内场八门基础上的八法，也就是说是建立在头、肩、肘、胯、手、背、膝、足这八个门户上的八法。

（二）八门之内八门

八门拳技是以道家理论基础为根基，"道生一，一生二，二生三，三生万物。万物负阴而抱阳，冲气以为和。"这是老子《道德经》中对宇宙万物的解读。那么八门拳技的内场八门就是武道所生出的"一"，再而生成左右阴阳两仪的"二"，两仪含上、中、下三蓬的三盘之法，且两仪本生四象，四象各有八法。八门武艺之八法就是如此建立在头、肩、肘、胯、手、背、膝、足这八个门户上的。因为技击攻防的根本是敌我双方的这八个门户，所以这是八门拳技内场之门户注重的内八门。

头： 头有前后技击之别，分左右两仪，有耳、鼻、口、眼四官，是为中枢，万法之源。故有心明眼明、眼明手快之说。以头部为攻击手段，当需出其不意，攻势迅疾，否则必有大害。另头之发、口中齿、唾之液、气之声均有伤人之效，扰乱之效果，慎而待之。头有顶、磕、碰、撞、摆、锁、唾、咬八法。

肩： 手臂之根节，根节固则手臂固。六合之法，肩胯之合。肩分左右两仪，有开、合、沉、凸四象。肩打抖、磕、碰、撞、摆、锁、提、靠八法。

肘： 手臂之中节，中节灵则手臂灵。六合之法，肘膝之合。肘分左右两仪，出有上、中、下之三蓬，有里、外、曲、直四象。肘打平、立、卧、坐、翻、缠、捞、扣八法。

胯： 人体之中心，劲力之中枢，腰胯之总称也。六合之法，肩胯相合。胯分左右两仪，有纵、横、松、缩四象。胯打颤、顶、碰、撞、锁、溜、扭、搁八法。

手：手臂之梢节，梢节妙则灵动妙，攻防门扇也。六合之法，手足之合。手分左右两仪，又有梢节、中节、根节之三节，出有上、中、下之三蓬，手生拳、掌、勾、爪四象。拳打崩、攒、翻、砸、拧、冲、摆、勾八法；掌打推、拍、撩、抹、劈、斩、挑、插八法；勾打缠、钩、黏、挂、锁、戳、搂、捏八法；爪打缠、钩、托、挂、抓、抠、掐、拿八法。

背：胸为阳、背为阴，胸背之总称也。六合之法，胸背之合。背分左右两仪，有开、合、弓、拔四象。背打顶、靠、碰、撞、翻、锁、黏、压八法。

膝：腿之中节，中节灵则身形灵。六合之法，肘膝之合，万恶消灭，双膝跪用。膝分左右两仪，有里、外、曲、直四象。膝打顶、摆、冲、撞、挡、飞、锁、压八法。

足：腿之梢节，梢节妙则灵动妙，大夏之根基也。六合之法，手足之合。足分左右两仪，出有上、中、下之三蓬，生尖、缘、掌、根四象。尖有踢、弹、撩、勾、丁、拐、磕、踩八法；缘有踹、铲、撩、搅、勾、挂、扫、鼎八法；掌有踏、踩、桩、跺、拍、撩、踪、踹八法；根有蹬、撩、踩、跺、勾、挂、扫、顶八法。

对于武艺人来讲，练就和使用的人体部位主要是头、肩、肘、胯、手、背、膝、足这八个门户。而在搏击时，密切关注与防备的也是对手的头、肩、肘、胯、手、背、膝、足这八个门户，任何武艺最终都是要以人为本，这才是八门拳技最本质的内容。

（三）八门之外八门

八门拳谱炎亭揣辩篇记载："炎亭曰，按文王之八卦，乾、坎、艮、震、巽、离、坤、兑，立休、生、伤、杜、惊、死、景、开八字，造八阵图，内藏天干、地支、五行、六甲……"

这里首先强调一个根本性的问题。八门拳技所述八门顺序是"休、生、伤、杜、景、死、惊、开",所对应的是"坎、艮、震、巽、离、坤、兑、乾",这里的顺序非常重要,顺序错了,内容就错了,以后的一切出发点就会有误,这主要是由《奇门遁甲》决定的。

实际上,不论是诸葛亮,还是刘伯温;也不论是八卦阵,还是天门阵,八门里的生门、死门或者说吉门、凶门,这些理论的根基全是来源于古代先秦时期的《阴符》论,也就是从明代开始的《奇门遁甲》。

奇门遁甲术,就是由"奇""门""遁甲"三部分组成。"奇"即乙、丙、丁;"门"即休、生、伤、杜、景、死、惊、开八门;"遁"是隐藏的意思,六甲遁甲六仪即"戊、己、庚、辛、壬、癸","遁甲"就是九遁,九遁包括天遁、地遁、人遁、风遁、云遁、龙遁、虎遁、神遁、鬼遁。

如果从《奇门遁甲》的全部去理解,玄化的内容会让人不知所云。但是,如果仅从武艺的角度接受,特别是按照"八门势图"的角度继承,问题就简单了许多。

图9　宋景祐年间《奇门遁甲图》(明代版)

据说图9是抄自宋景祐年间的《遁甲符应经》,《遁甲符应经》由杨维德等人撰编，书中记载的《奇门遁甲图》是奇门遁甲九宫盘的基本模型。

按照奇门遁甲九宫排盘的叠加关系，八门和八卦的简单关系可由图10表示。

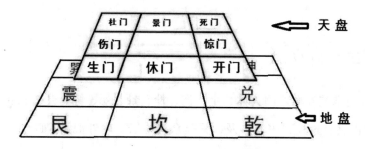

图10 八门与八卦各卦对应关系图

从图10中可以明显地看到八门与八卦的对应关系，而且更重要的一点是方位关系，因为八门步势图重点在讲方位，以及对应方位的生死、吉凶关系，所以，进一步简化就可以得到如下一目了然的关系图。

杜门 （巽·凶） ☰	景门 （离·吉） ☲	死门 （坤·凶） ☷
伤门 （震·凶） ☳	中	惊门 （兑·凶） ☱
生门 （艮·吉） ☶	休门 （坎·吉） ☵	开门 （乾·吉） ☰

图11 奇门遁甲八门九宫吉凶图

图11中生门、休门、开门、景门所在的门户或宫位是吉门或生门，其中生门、休门、开门属于大吉门，也叫"三吉门"。景门也是吉门，但以主外为主，用一句话点透，八门拳技里景门就是"以攻为守"的生门。

图11中伤门、杜门、死门、惊门所在的门户或宫位是吉门或生门，

针对这个图再来看八门拳技的"丁字麻花拐""扭丝陀螺步""蝴蝶步""四面八方乱点梅"等，其中包括里外皮的含义，一切就可以明白无误地迎刃而解了。

（四）八门八法

八门拳艺外场八门为休、生、伤、杜、景、死、惊、开，其相应八法各门宦也已有论述，多有涉及，只是众说纷纭、内外混淆，此也多与八门拳技长久以来的封闭保守有关。

八门拳技除阴阳两仪、三盘三蓬以外，还有四象、五行、六合、七势、八法的综述。

四象：轻、重、缓、急。

五行：手、眼、身、形、步之外形；趟、势、桩、劲、气之法行；身、力、意、气、法之内行。

六合：手与足合、肘与膝合、肩与胯合、身与意合、力与气合、人与法合。然而前与后合、左与右合、高与低合、内与外合、心与意合、人与法合，何止六合？

七势：开、缩、松、紧、重、快、慢七种拳势。拳有高低四平势、探马硬取势、单鞭插进势、金鸡独立势、伏虎埋伏势、朝阳单撒势、旗鼓爬坡势，这些变化形似汤瓶的，命以汤平势，而有汤平七势拳。也有冠以劈势、抹手势、旱游船势、辘轳转势、兽头势、夜行犁势、插花势为汤平七势的，虽与汤瓶之形相差较远，然攻击力度丝毫不减。再有汤平势、旗鼓势、埋伏势、倒撩势、探马势、伏虎势、朝阳势的七势连拳。从拳势来看，大多不出戚继光《纪效新书》卷十四拳经捷要篇的三十二势，但若以形论势，何止三十二势？

八法：名目八法：粘、连、擒、撂、破、缠、滚、脱。

步势八法：踏、遇、偷、掏、闪、越、蹿、跟。

技法八法：截、打、摔、拿、翻、颠、倒、插。

劲力八法：攒劲、蹦劲、冲劲、沉劲、贯劲、撕劲、颤劲、程劲。

形象八法：猴进、狗退、虎扑、蛇行、马奔、熊闯、鹰翻、燕飞。

八闪八法：进身之闪、退身之闪、左右偏闪、蹲遁之闪、腾跃之闪、滚翻之闪、惊厥之闪、诡诈之闪。

八翻八法：掳手翻、裹手翻、雁翅翻、旗鼓翻、五雷翻、铁杆翻、合手翻、抹打挑打翻。

八手八法：颠腕手、杆腕手、缠腕手、闪坡手、裹肱手、佛汉手、三花手、鬼搓手。而手手不离轮子手，千变万化任自由，何止只有八手？

八腿八法：大小奔子腿、扭转垛子腿、勾拦插生腿、靠山穿袖腿、探马包头攒、里外摆合腿、懒汉背顶腿、撵步十连腿。实际大小高低变换，连环虚实相扣，也远非八腿。

八斩八法：迎风斩（对口斩）、翻杆斩、裹肱斩、提水斩、双挂斩、蝴蝶斩、虎扑斩、撩阴斩。而似掌似斩的又有袈裟斩、合子斩、划眉斩、风雷展等；步法身法带动的又有五朵梅花斩、封步单撒斩、四门八格斩、迎风连环斩等，更有三十六斩之说。

············

各种众多的八法，衍生了各个门宦巧妙独到之法，然而万法不离其宗，用不用得上在法，打不打得过在人，因人而异，法亦自然。

四、后记

各法亦有法，犹如文王八卦，八八六十四法，及至三才四象五行六爻七势，变幻无穷！已故老拳师"韩大师"时常有感叹："八门拳武艺研究到最后会脑子不够用"；"八门拳武艺是武艺大法，后人能读懂学精就已经非常不容易"；"八门拳技包罗各门武艺，没有门派区分，武艺门派不过是一二法精通的分门立户，不能称为派，可称为门户"……话很简朴，但是简短数语，已道破其中奥妙，只是世人多不理解罢了。

细说八门八法，林林总总，蔚为壮观，非一人之力一生所能及，且阴阳相克，不同类型也不可能集于一人之身，所以武艺之人，精通一二足矣！然而头、肩、肘、胯、手、背、膝、足之八个门户应以相合，此也称为圆通之法，"武艺本无法、身法即是法、圆通出妙法"即此说。

八门拳技传有"一动百动，动亦灵，灵亦妙，妙法自然"的动法总纲，而动意八法有稳、准、狠、毒、奇、妙、猛、疾，其口诀有：稳打乱、快打慢、长打短、有备打涣散；明打拙、狠打软、恶打善、气足打气短，这是外场各法实战必须注重的八法，这也并不是简单的对敌心毒手狠的问题，其实更有"人可让人，艺不让人"的武艺之根本。

拳技是古代先贤在敌我厮杀中产生的宝贵财富，实际上每一法都渗透着血腥，往往拳技是乱世即为宝、盛世即为祸。所以，无论何时，传授拳技当以"百善孝为先，万法德为贵"为宗旨，切莫教坏了徒弟，祸害了他人，连累了自己。

八门武艺传承警言

韩光明

武艺是历代圣贤智慧的传承，是圣人得道法后的玄妙，圣人之所以为圣人，而在于明白道法为什么会成为道法。天下衣钵武艺之躯壳常有，而明武艺道法深邃之圣人罕见。倘使躯壳衣钵万代不离其宗，何恐万代不见圣贤。至于"穷死不卖艺，饿死不乱法"；"宁叫失传，不叫乱传"等诸多圣贤训诫，当为武艺戒律之总要。所以圣人之道，主内而辅外，武艺对己而次外。道无谬而人常自谬，理无邪而人常自邪。所以，知本归真，清心自律，邪谬不攻自破，不取自亡。

武艺正传，起自言传身教，本目于明理得道，故正传之法是谓圣道。圣道传承者，理应责坚任重而不辱天命，湮灭断绝与其入土归西之正传衣钵者，视为大逆不道。然继与无继，常困扰梦萦，使之无措，实则传与正传之不辩也。故传当因人而异，或与之玩耍，或与之启蒙，或与之传颂，或与之借鉴，或与之共勉。正传当为传继，非轻易而能所得者，理应慎之又慎。由是授先贤圣人显嘱，为正传之后辈辑戒律有十，奠勉。

戒律一：外邦番夷、倭贼匪寇等与我国人本目不同者不传。

戒律二：教义激砺、德性偏僻等与我法理根本向背者不传。

戒律三：官僚名流、世俗爬虫等利欲熏心、见利忘义者不传。

戒律四：艺不上身、编纂撅窝、断章取义、欺宗盗技者不传。

戒律五：拿不住艺、炫耀卖弄、轻蔑妄为、遗祸社会者不传。

戒律六：街皮闲士、无所事事、好争斗狠、滋生是非者不传。

戒律七：浑浑噩噩、不思上进、愚钝盲知、形如走肉者不传。

戒律八：不敬不孝、搬弄是非、恶语伤人、亲邻反目者不传。

戒律九：阳奉阴违、依强欺弱、鱼肉乡里、恶名昭著者不传。

戒律十：茫然无知、时势不明、因缘未定、时机未到者不传。

八门拳技传承方式辨析

　　中国武艺始终是以师傅带徒弟的方式传承，然而看似简单的问题，具体到师傅怎么带徒弟，或者说师徒怎么传承武艺，就不是简单的问题了。因为传承中会有师傅的问题，也会有徒弟的问题，如果仔细思考，可能重要的还是徒弟的问题，所谓"师傅领进门，修行靠个人"大概也是这意思。就拿师傅来说，假如师傅不好，其实那也是他当徒弟的时候没有当好，假如这样去认识，那么做个好徒弟的重要性就很容易理解了。现在做个好徒弟，未来才会是个好师傅，未来终究是属于年轻人的，这样武艺传承才会一代更比一代强。至于后代始终炫耀前辈高深莫测的怪论，且这个怪论经久不衰，只能说明武艺人是一代比一代差。由于具体传承中的问题与传授的方式密切相关，因此有必要从常见的武艺传承方式进行解析，这样才能说明八门拳技应该坚守的武艺传承方式。

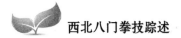

一、常见的武艺传承方式

（一）手把手传授的武艺

这种传授是真诚的传授，不论手、眼、身、形、步，还是趟、势、桩、劲、气，都会有所照顾，内场、外场、实战应用也会泾渭分明。徒弟在这种传授方式下，特别需要注意不要有遗漏、遗忘，最好时时做些笔记，便于日后研究与对照，因为有些未必是当时就能理解的。就算师傅功夫不深，徒弟也要多思考，多实践，这样才能分辨哪些正确，哪些不正确，正确的多下功夫，不正确的应付应付，毕竟师傅是真心教的，尊重师傅也是首要的。对于这种师傅肯教的情况，假如徒弟自己拿不到艺，那就是徒弟太笨拙，也可想而知，这样的徒弟当师傅时会是什么样！丢三落四已经就是最好的了，遗忘的话，少是少了点，至少不会有错，可胡编乱造就很可怕，因为不论是见识过真传的以后编造，还是异想天开地编造，都是对事实的扭曲。

真正的传授，师傅是不主张徒弟随意篡改所传授的武艺，因为怎么演、怎么练、怎么用是说清楚的，所以徒弟也没有必要去"发扬光大"地去篡改，能潜心研究清楚，并且游刃有余地应用，就已经相当不容易，这就是继承。对于继承，千万不要"继承不足，发扬有余"，否则就可能会糟蹋先辈的武艺。

（二）比画教会的武艺

这种习练也是师傅手把手教的，与传授不同的是多以趟子或几个招式为主，师傅比画一下，徒弟记住后去练习。出现这种教授情况的原因会有很多：有师傅年岁已高行动不便，只能用比画教授的；有因为时间仓促，没有时间详细解剖，尽快比画完的；有因为好友推荐，但不宜进入师承内而比画完的；有武艺已经不错，出来浪门子，师傅爱才而比画完的；也有不是个材料，死缠硬磨，师傅无奈而比画完的；等等。这种教授的武艺，完全取决于徒弟的天分，天分高自然就高，天分差，自然也就差。对于原本功夫很好而带艺投师的人，容易出现将所学武艺与原有武艺融合的现象，但融合不好就是歪曲，在当今以表演为目的的习武风气里，真正融合得很好的很少，歪曲的反而要多。

（三）交换得到的武艺

这种传授方式也是比较常见的，已经武艺有成的，彼此倾慕各自的武艺，相互进行交换。交换得到的武艺，其实很大程度与比画教授的武艺类似，不同点是并不苛求交换者之间的师从关系，更多的是同辈间的友谊，而且相互交换，互为师徒，也扯平了关系，没有谁是谁师傅的说法。

交换武艺双方功夫的深浅，对交换的质量有直接的影响，实战能力强的人，比如古代经过拼杀的好把式，对交换来的武艺会有深刻的参悟，不会出现曲解，甚至会有更好的完善，但是现今以商业表演为目的的交换，"窜了模子"的现象必然就会产生，而且越是叫得欢的，越是极力把自己包装成什么多少代正宗的，实际"窜"得也会越厉害；就算没"窜了模子"，人家也不会教你，不乏出于经济利益而进行的包装。

（四）偷学盗来的武艺

偷学武艺始终是武艺传承里最让人蔑视的一类，老话还常常将偷学者视为"拳贼"。在过去武艺传承非常保守的年代，偷学也是不得已的行为，但也有偷学者是为了了解对方和破解对方招式来的。武艺格斗，技击中常有"知彼知己，百战不殆""拳打人不知"等策略，这也是为什么过去老把式练功夫不让看，特别是有纠纷过节的更不能让看的原因，因为看了就有了解，就会有防备和对策，就失去攻击讲求的出其不意、攻其不备的优势。

偷学武艺尽管很不入流，历史上也不乏偷学者获得成就的，比如霍元甲，幼年体质羸弱，不具备习武的"潜质"，父亲怕他毁害霍家声誉，禁止他习武，倔强的霍元甲通过偷学，竟然获得不凡的功底。这个例子说明，偷学武艺在一定情况下，也是具有较好传承效果的。其实，能够坚持不懈地去偷，对偷来的武艺能苦心去练，而不是炫耀和寻求破解，这样的徒弟绝对是不可多得的好徒弟。

随着时代的发展，武艺已经远远失去了其社会地位，现今社会已经没有必要去偷学，特别对于趟子类，或者说表演类的，只要肯学就能学得到。

（五）观看来的武艺

观看这种传承武艺的方式，以近现代最为常见。由于现代武艺表演的属性以及科技发展的支撑，关于各个门派的武艺视频已经越来越多，据查证，中国最早的武艺影像在100年前就已经有了。如果说20世纪八十年代挖掘整理的1317位老拳师录像，及其3364个套路录像还被人据为己有不予公示，现在可是让你看都看不过来的局面。近年来，由于拍摄视频已经非常简便，网络上各种表演、交流、比赛等视频已经铺天盖地，因此有人就通过观看视频来学习武艺。

通过观看的方法来学武艺实际非常肤浅，都不如偷学的武艺，但在以表演为主的时代，这也是最急功近利的巧妙方法，因为免了很多啰里啰嗦的礼节，不用耗费过多的时间，临时突击应付表演就绰绰有余，所以不少人热衷于此种方法，甚至把观看来的武艺随意创编，有些还把一些自己没有搞懂的武艺创编进自家武艺里面，实在是害人害己。

（六）钱买来的武艺

现代社会的趋利性，特别是现在以经济利益为目的的倾向，早已经超过了武艺以技击为目的的宗旨，所谓什么武术发展产业化、商业化，什么武术发展的职业化，等等，所追求的根本就是一个钱字。比如以武术套路论价的，教一个套路多少多少钱；以时间论的，学多少个学时多少钱；等等，实际上，这些就是花钱买来的武艺。而用钱买武艺就是一种交易，但交易的双方并不公平，因为大多数徒弟并不懂武艺的深浅与真假，只有师傅是清楚的，这个交易就存在不公平性，教好教坏完全是师傅说了算，教得不好也完全推给徒弟，属于徒弟学得不好，所以钱买来的武艺，与言传身教相差很远，这不能说是传承，只能说是交易。

用钱买武艺的人，相对会珍惜一些，毕竟是花了钱的，这要比一些随意忘记不珍惜的要好，但是如果继续以交易传承，十之八九会是一代不如一代的，因为目的不纯，"思路决定出路"。

（七）编造创造的武艺

在失去实战检验的基础上，武术人很容易膨胀自大，因为缺乏实战的修正，没有失败的挫折，往往会自以为是，容易夜郎自大。更有甚者，异想天开，虚幻缥缈，再加上对武艺及武艺的传承认识不足，就出现了随意开门立派，自封宗师的荒谬行为。其实不否认武艺都是由人创造的，但是创造是有基础的，不是什么人都可以创造武艺的，就是一些创造，也不会远离原有的基础。比如李小龙创造的截拳道，并没有脱离咏春拳的根基，所谓融合跆拳道，也不过是融合腿法的特点，这样截拳道没有超出武艺的范畴，更重要的一点，截拳道是经过实践检验的，这才被武艺界所认可。所以说编造创造武艺，必须具备两个前提：一个是不会脱除原有的根基，另一个是经过实战检验有效。

表演和经济利益驱动下的编造创造，更是将武艺引向了歪路，那些所谓追求舞台造型与效果的编造创造，简直是糟蹋武艺到了极致，这种编造与创造，是无法经受实战的检验的，与其说是编造创造，不如说是胡编滥造更为贴切，这些编造创造如果始终披着武艺的外衣，迟早是要遭到淘汰的，而这种传授，也只能是误入歧途，误人子弟，贻害无穷。当然，如果不打着武艺的旗号，自开门路，干脆就叫舞术，从观赏性、艺术性、娱乐性等方面看，还是很好的！

二、八门拳技需要坚守的传承理念

武艺在不同的传授形式下会有不同的形态，所以真正懂得武艺的人很容易识破，所谓"外行看热闹，内行看门道"，也涵盖这个意思，哪些是传授的，哪些是比画的（方言称划哈的）；哪些是交换的，哪些是偷来的；哪些是胡编滥造的，哪些是丢三落四的；等等，对于明眼人基本可以分辨差不多。

那么八门拳技应该如何传承武艺呢？正确的观念应该是不为名利，不求钱财的真正传承。武艺首先不是给别人练的，武艺是自己的修为和功德，修为就是对身、力、意、气、法的修炼，功德就是尊重武艺和先辈的传承。因此，习武者在意的也应该是能不能打，能不能打得胜，打法合不合法，合不合法对于武艺研究更是重要内容，一切都要讲求人法相合。如果用"人法地，地法天，天法道，道法自然"来诠释，那么可以用"人法技，技法武，武法道，道法自然"来解释武艺的合。与人不合、与法不合的武艺，就是具有再强大的杀伤力，最终也会害人害己。所以，如果不是什么深仇大恨、家破人亡的危机，八门拳技不主张人法不相合的横练功夫。

古代儒家社会，对于文人是"千里马常有，而伯乐不常有"，而对于武者应该是"千里马不常有，而伯乐常有"。对于将武术作为表演性的群众体育运动，况且已经发展半个多世纪，那么从实战性武艺的角度来说，现在应该是"千里马不常有，伯乐亦不常有"。

八门拳技还保留着古朴的传承习俗与武艺特点，这是非常难得和万幸的。在遵从门里传授戒律的前提下，只要徒弟肯学，就应该光明正大地传授。而且徒弟在学艺时遇到困难，有可能难以为继而半途而废，师傅也应该力所能及地予以帮助，保证徒弟持续不间断地安心学习。只要徒弟能够坚持，在教授中对徒弟明之以理，动之以情，言传身教，讲明习武的责任与传承的义务，坚持这些正确的方法，必然会培养出好的成果。

对于浪门子的（方言指学点皮毛就走了的）、偷艺的，也要本着传承武艺的责任给予传授，但需要强调不要去篡改，也不要去编造，更不要去编造传承谱系关系，那是最为欺师灭祖的行为，且对自家师祖也是侮辱。

师傅任何时候不要自私和任性，不要动不动不教这个、不教那个，或者不认这个徒弟，不认那个徒弟，这样伤人心智、埋藏是非的话还是不要讲。师傅不教就不要讲，如果讲了，就应该教，自己没时间哪怕让徒弟教徒弟也是个办法。徒弟多了，时间久了，什么人都会暴露出本性，此时师傅不认徒弟，徒弟必然也不认师傅，这就会让小人有可乘之机，转来转去，伤害的还是自己，更严重的会伤害一门的声誉。师傅也不要有意挑起徒弟之间在武艺以外的攀比，徒弟之间比比武艺是正常的，攀比谁比谁更孝敬师傅，谁比谁给师傅花的钱多，谁比谁解决师傅家的难事贡献大，等等，最后只能给徒弟带来烦恼，也是对徒弟有意无意的伤害。

　　说千道万，八门拳技传授中师徒都应该遵守的最根本的操守是真诚、诚信、无妄、无邪的修养，是遵从道法自然的规律。

八门宗略

一、序

武艺以技击为本。世间先有技击之法，后生武艺之术。人之初，本性之能，非为术，况可自保。故技击之法为武术之本。

世称武术之源起于达摩，少林武艺始于禅宗。然僧侣健体之法，及老子养身功、庄子心斋法、华佗五禽戏，晚之甚矣，亦不能相论。故武之源始于道。

武为术者，始于上古，历来未阻。祈天祭祖，占仆巫术，周礼乐舞，项公舞剑，黄倡郎舞，皆为术术。故技击之法柔以为术，非技击之本也。

"道，可道，非常道。"技击之道，可道，非常道，非术能及。万物之道，混元无极，无极生太极，太极有易，生阴阳两仪，两仪生四象，四象生八卦。武与天道同，故武法技击，技击法道，道法自然。

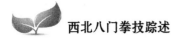

二、武道篇

武者，兵之本。将帅之智，强兵之事，不可不察。兵曰道，天时同谋，出师有名。武曰道，天人合一，自然无为。兵道有为，终有失，武道无为，无不为。故武道兵道之师。混元、两仪、三盘、四象、五行、六爻、七政、八门，八门武道也。武艺道明，道明亦法明，法明而无门派之缚。故祖师训曰，"宁失传绝迹，勿妄传毁誉。"

（一）混元

道生宇宙，宇宙生元气，此皆混元之始。万物初始混元，人之初茫然，本无善恶之分，唯有生死之忧。生为阳，死为阴，阴阳变化始生先天秉性，无章无法。人亦混元，一气而生，生分左右两仪而灵。武亦混元，起于秉性，分生攻守，攻为阳，守为阴。攻守原本无术，因人而异，因势而变。今武艺传承有术，非自然之法也！

技击之道，元通之法。禽兽先天所能，非人之所及，后天传承，无章法可依，且能奔袭猎捕。武艺源于技击之道，本亦无章无法，自然自生，混元一体。故武艺宗法，自然为本。一动百动，动亦灵，灵亦妙，妙法自然。有招源于无招，招法终归无招，无招而自然也。若依招而击，恐无缚鸡之能。修炼武艺，恐破先天之能，然艺成终归元通，此为正道。如若邯郸学步，先天已破，艺而无成，悲乎所以，莫若无修也。

（二）两仪

阴阳两仪，变化之本。仪本为貌，天之貌阴晴，人之貌男女，地之貌水土，武艺之貌攻守，体之貌内外，肢之貌左右。是为无处不为两仪，万物均有阴阳。武以法为阳，体为阴；男为阳，女为阴；生为阳，死为阴；外为阳，内为阴；攻为阳，守为阴；动为阳，静为阴；刚为阳，柔为阴；快为阳，缓为阴；右为阳，左为阴；长为阳，短为阴；眼为阳，心为阴；拳为阳，掌为阴；头为阳，肩为阴；肘为阳，胯为阴；足为阳，膝为阴；是谓一呼一吸皆为阴阳。阴阳相抱，存亡之道。

阴阳相守，以为泰和，及至无极。故技击阴阳交合是为上乘，阴阳不合是为下乘，下乘可强一时之势，难成一世之功，非武道矣。铰剪之势，谓之混元，无方无位，无大无小，阴阳相抱，变化无常，可应万变。铰剪法于器，引喻"二回"，无极之法也。

（三）三盘

道之三才，天、地、人，三才亦为三盘。武艺三盘，上蓬、中蓬、下蓬，铁门栓也；里蓬、中蓬、外蓬，里外皮也。

武艺之法当与三盘相合。法在我者，我之上中下；法与彼者，彼之上中下。故技法不以三盘而分，而以技法相辨三盘。

道意三者，示以"三阳开泰"。朝阳、正阳、夕阳，万物生机变化。故曰"道生一，一生二，二生三，三生万物"，武艺之法苟同。技法传承起于一，一生二，二生三，然多不明三生万变，或曰个人机缘，玄之在此。技击攻守之法三，势在灭敌，彼消我长，生死之变也。

故武艺内外场有别。外场尊求中规，起一，示二，名三，非武艺正本。内场求以正道，明一，示二，法三，朔之以武。法明心明，道法无边，武艺之本。故"一手生二手，二手生三手，三手无常，手手不空"，"一劲生二劲，二劲生三劲，三劲合一劲，劲劲不散"，何有黔驴技穷之虑！

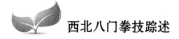

（四）四象

四象，四时乎？春夏秋冬耳。春动、夏燥、秋实、冬眠，人法地，故法四象。老少中青有四，老亦沌，中致纯，青可期，少有躁。故老不宜少之艺，少不明老之理，非艺不同，盖人之不同也。武艺修行，识四象有别。

轻重缓急，轻有灵，重在沉，缓亦稳，急主迅。故闪亦轻，击就重，退趋缓，攻取急。攻以无快不破，退则无稳不惊，猴进狗退也。缓度寸机尺位，击在迅雷掩耳，慢拉快打也。攻其不备，战无不胜，有备打无备也。谎法打援，取其莫救，虚实兼顾也。责才而授，因人而异，谓之天意也。若误武艺有别，无异鼠目难辨也。

矫揉造作，怪涣撅窝，悖武艺常理。毙牛之力，难取顽猴之命。蹦纵丈外，莫如游刃有余也。遇敌强劲，一念有差，追悔莫及，意之不坚也。故四象之法，运筹驾驭之法，胜有定数，败自象理，不可不明。

（五）五行

道之五行者，金、木、水、火、土，相成相克，天意机缘，万物旺衰之理。成者旺，旺而生，克者衰，衰而亡。

身、力、意、气、法，内行五行。身与力，力与意，意与气，气与法，法与身相成；身与意，意与法，法与力，力与气，气与身相克。

趟、式、桩、劲、气，外行五行。趟与式，式与桩，桩与劲，劲与气，气与趟相成；趟与桩，桩与气，气与式，式与劲，劲与趟相克。无趟无以成式，无式无以成桩，无桩无以成劲，无劲无以成气。十趟莫如一式，十式莫如一桩，十桩莫如一劲，十劲莫如一气，渐进轻重之理。

手、眼、身、形、步，内外之大成。道明法明；法明心明；心明眼明；

眼明手快也，手到，身、形、步、足俱到，奈他何防也。

武道修行具在内外五行。通灵所得，非孤行所得，孤行而得，偏僻无行。唯修趟数者，舞也。唯修劲力者，拙也。故五行通备之法，日积月累，功德自得。

（六）六爻

爻者，卦之根本，无爻无以成卦。六爻合之本，阴爻阳爻相交，始有"艮、巽、兑、震、离、坎"六卦，主"山、风、泽、雷、火、水"六合。天地乾坤，八卦六合，卦易，八八六十四卦生。故爻之妙，妙在合。

武之爻者，内、外、左、右、前、后，有彼此之别，三才之合，武道九宫也。技击之法，内外、左右、前后之别，技法之理，大小、左右、长短之论，皆自六爻。武爻合技法之爻，成六六三十六爻。故无爻无以成妙，无妙无以成灵，通灵而至自然。

技之六合，"内与外合、左与右合、前与后合、上与下合、大与小合、快与慢合"。意之六合，"手与足合、足与膝合、膝与腰合、腰与身合、身与心合、心与法合"。六合俱合，法与人合。

（七）七政

丹术、服食、辟谷、行气、导引、内丹、房中，道之七政。丹术硕聚精华，服食草木杂粮，辟谷排污消晦，行气融会通贯，导引随心所欲，内丹抵病驱魔，房中阴平阳和。七政之法，修身功德。武若精竭气衰，损身败性，大逆不道。故善行七政者，精满气足，心平气和，道有成焉。执之偏僻，心涣神移，妖魔横世，鬼怪附体，人将不仁，何谓有道乎？

技法七政，谦、让、惊、震、挫、胁、伤。谦而避之，让而礼之，和为善。惊而扰之，震而乱之，不战而胜是为贵。挫而抑之，胁而迫之，战无不胜是为策。策之下策伤其身，毁其誉，破其体，亡其命。七政分以有时，相成相克，相行相合，度以势，量以行，度量有失，祸必近身。

（八）八门

两仪三才四象易，易为动，动则变。卦变，无极动，两仪复生。故无极至太极，太极至两仪四象而生八卦，八卦万变归于无极，周而复始，生生无息，万法之宗也。

东西南北中，正行八门吉凶。八门攻守，八门八法，头、肩、肘、胯、手、背、膝、足也。八门步势，休、生、伤、杜、景、死、惊、开也。法合八门，八八六十四易，六六三十六爻，一百零八章法。千章万法，归有其根。故八门是谓有方。有方归无方，始归无极。无极之法，法之宗源。

八门武艺，混元至八卦，技击及八方，八门正行，奇门遁甲，万般幻化。八门固七政，谋六合，知五行，明四象，正三盘之变，守两仪之衡，无招，无为，无章，无术，道法合一，天人合一，法归自然，无极玄妙。

三、 武德篇

人之初，善与恶，天之道。有善亦有恶，无恶无以为善。善恶属性，性本在德。儒尊"克己复礼"，法宠"循规蹈矩"，二者合之，道德之德。武以道为本，故以道之德为德。清静、无为、柔弱、不争、抱一、寡欲、自然、玄妙，八门武德也。

（一）清静

清静道德根本，清则静，静而心平气和，道自居。心为道器宇，虚静至深，则道静而惠生，动而成昏。武技者，意在攻守，心有霸气，气宇喧躁，心意混沌，难以守静，或曰之强，或胜，或弱，或败，或名，或利，六欲兴，圣心毁，皆为天意。

武者，心憔于武道，难为圣道。清心源，静气海，守以恒，及内观于心，心无其心；外观于形，形无其形，道德兼备之，方为正道。

水清而无性，静而泃远；德清而无念，虚怀若谷。谦有益，满招损，虚之理。逞强斗狠，人长论短，坑人炫己，谤贤贬正，谄上虐下，妒忌咒恨，皆为歹恶，盲聪一时反受其过，故察此而无授。

（二）无为

天道自然无为。为无为，事无事，味无味，故无为无不失。圣人处无为之事，行无言之教，世俗行有为之事，争名利之益。妄自作为，终必有失。圣人之道"为者败之，执者失之"。

道法无为，志在神韵。武德无为，益在心智，故无为方可全身、去危、离咎，得之以道。道法无为而无不为。

道法无为事主，当避害，远嫌疑，拒小人，离苟得，略行止，慎口舌，谨喧哗，勿力斗，思己之过，恤人之贤，鉴吾之行。道曰："忘其形骸，无以心动，内心不起，外境不入，内外安静，神定气和。"

武德无为，艺不强求，门无邪恶，法不彰晃，理不谬论，人莫妄为，德避虚伪，清白坦荡也。

（三）柔弱

弱者道之用。天下柔弱莫过于水，而坚强莫之能胜，其无以易之。人生柔弱，死则僵直，国生万象，死亦刚烈，万物草木之生柔脆，其死也枯槁，故刚烈者亡之败象，柔弱者生之泽惠。

柔弱为德，非卖主求荣，辱祖叛国，苟生残喘之念；非贪生怕死，庸无大志，醉生梦死之志；非心力涣散，神游貌离，事无所事之躯。武德柔弱，修身养性之道，韬光养晦，抑恶扬善，以求无诳，无宠；勿炫，勿扬；无为，无求；勿贪，勿恶；无忧，无怨；勿伪，勿邪。行善不求回报，救人不齿功德。若张扬炫宠，贪名图利，恶必近身，祸及性命不保，劳有心机憔悴。故武德以刚烈处为下，柔弱处为上，柔克刚，弱趋强。

（四）不争

道曰："上善若水，水善利万物而不争，处众人之所恶，故几于道。"曰："不自见故明，不自是故彰，不自伐故有功，不自矜故长，夫惟不争，天下莫能与之争。"故上士无争，下士好争，与时争者昌，与人争者亡。上德不德，下德执德，道德自然有德，执德难免失德，执着之者，不明道德。

顺天道，利而无害，圣人道，行而无争。求长生者，不以功名利益以长生，不劳欲念所财以养身，不以无功取禄以荣身，不食五味以恣而乐生。武德者，不辱人成败以自彰，不沽虚荣奸利以自安，不诛他人过失以自利，不妒贤能淑惠从恶以自慰。

善益万物，博公无私。吉获应时而动，降贵善于治事，挟干行事有为，方有"后其身而身生，外其身而自存"。

（五）抱一

抱一，守一也。一者，心也，意也，志也，一生之中神也，凡天下之事尽是所成也。

"天得一以清，地得一以宁，神得一以灵，谷得一以盈，万物得一以生。"混元一气，天道之根，气之始祖，命之主也。故抱一之道，消灾免祸，长生益寿，通神玄妙。

武德守一，知尊师祭祖，不欺宗盗技，不误人以时，不讹传后继，不怀挟匪意。门有门风，道有道规，武艺归真，万变有踪。"道明无教门，理明无门宦。"守一方长，骄篡难恒。己之技度法之技者渺，无识法之技守一以恒者盲。

（六）寡欲

"见素抱朴，少私寡欲。""罪莫大于可欲，祸莫大于不知足，咎莫大于欲得。""五色令人目盲，五音令人耳聋，五味令人口爽，驰骋畋猎令人心狂，难得之货令人行妨。"

修行之害莫过于贪，贪之祸起于私，私之过源于己。己有衣、食、住、行之求，生、老、病、死之忧，亲、情、机、缘之恋，此皆常情，然排他利己是为私，挥之无度是为贪。贪欲无度，摧心害性，百弊之首。故修行当需克己，"浅厚味，寡欲望，远身行，除恶想，绝声色，俭爱欲，不淫邪，无昏乱"。

武德寡欲，"多而不精，杂而无章。"庖丁解牛，其艺在精，遂游刃有余也。杞人忧天，欲在于昏，多此一举也。

（七）自然

自然者，无言而言，穷极之辞也。自然得其性，不造不始，不设不施。故曰"人法地，地法天，天法道，道法自然。"自然为本，万物盎然。

"道尊德贵，夫莫之命而常自然。"日月星辰自然而生，风雨雷电自然而起，江河湖海自然而存，花草树木自然而泯，飞禽走兽自然而亡。此为天公造物，自然之理。

武德自然，技亦自然，劲亦自然，气亦自然，意亦自然，攻守自然，自然而然。揠苗助长，有悖自然，故不得有生。刻舟求剑，有悖于理，故不得法。人之有过，或非求过？不知法而不知过，无知无烦躁之苦，无悔恨之过，世俗不明圣贤而寿终正寝者多矣！

（八）玄妙

非有非无，合于中道，谓之玄，玄之又玄，众妙之门。天道相通，守信微妙，而知玄妙。故"无刚无柔，无动无静，无存无亡，无善无恶"。

玄妙之德，清静为宗，虚无为体，柔弱为用，为而不争，浑然抱一，知足寡欲，自然为本，无极无形而谓玄妙。

武德玄妙，圣贤自得。修身守道，德才兼备，文通武备，身性自然，气质浩然，知万物相生相成之理，明武艺技击功德之妙，施圣人无言身行之教。

封手拳

李福安讲述　彭维国整理

一、引言

封手拳又称封手八快，是源于福建南少林的传统拳术，该拳传入兰州并与地方拳术相融合后，形成至今带有西北地方特色的优秀拳系。关于该拳在兰州的起源，一百多年来，各门派的传授都是在清朝同治年间，由陕甘总督府里的杨姓师爷带到兰州。由于杨师爷的姓名及所授拳术名称最初都没有明确的记载，坊间传称拳术为展母子、郑江母子，后来拳术经西固寺儿沟的王德成先生传给兰州人陈登魁（绰号"八大王"），八大王得到传授以后，通过实战实践和融合创立封手门。

出于以上缘故，兰州地区除八大王的封手门一脉传承的封手拳以外，也存在以展母子为主要流派的封手拳，但其流派的影响力远不如八大王封手门这一脉。

八大王在封手拳上的造诣很深，且其本人在西北五省武艺界的影响力也很大，尤其是在八大王及其高徒张佰川先生将封手拳广泛传播到河西、

青海、新疆地区以后，使得封手门的封手拳在甘、青、宁、新的西部地区广泛流传，在西北只要提及封手拳，几乎没有不知道八大王和张佰川的，同时各家也都知道八大王的封手拳来源于西固的王德成老先生。

二、封手拳李福安传承谱系

王德成传八大王陈登魁、众人保王占仁、尕黑爷陈徽、刘番等。

八大王陈登魁传人有陈七爷、杨八爷（杨静吾）、田和尚（田广仁）、六大王（陈林）、张佰川、马怀德、金背河马、海爸（王英）、喜爸、水爸等。

六大王陈林传王剑天、姚伯、陈德福、陈德义、陈兆贵、陈德明、管君、代利明、牛有福、刘梓、刘豪、刘江年、张德印、陈五爷（陈汉山）等。

陈兆贵传李俊发、李福安、王成新、王成彪、刘有桢、陈兆园等。

李福安传李茂森、赵毅、吕群、吉国昌、何其怡、刘银财、安铎、罗宝庆、陈忠庆、李飞、张武元、刘玉乾、李玉君、尚自正、白建肃、苏洁、赵炎、罗宇君、张友平、徐治国、高明、王文昊、宋铭飞等。

以上只是重点介绍李福安一脉的传承谱系，实际经过上百年的流传，封手拳在八大王封手门的传承以及西固寺儿沟王德成先生后人的传承下，还有众多的传承谱系，仅就兰州地区来讲，有西固钟家河徐氏传承谱系；兰州水磨沟、庙滩子、盐场堡、后五泉、阿甘镇等地的刘氏传承谱系；兰州王家堡、郑家庄、崖头子、安宁区等地的张佰川先生传承谱系；兰州崔家崖、秀川等地的田广仁先生传承谱系；等等。至于兰州以外地区，封手拳更是得到当地人的喜爱，进而落地生根，至今姹紫嫣红。

三、封手拳谱

封手拳歌诀

八门封手正八门，出手先关两扇门。

划手能顾上中下，挑手能打劈撕胯。

一打子母串连子，二打八快紧相加。

三打孪炮五点梅，四打四步顶千斤，

五打五路梅花炮，六打金钩二钓鱼。

七打三插又三挑，八打八门并手足。

打前顾后又左右，打个狮子滚绣球。

要问此拳名和姓，封手八快出少林。

又谱

封手进，八快忙，引手罩顶往下闯。

斜拦进，拐把肘，串子进步一声吼。

二式八快穿堂过，扬掌封逼斜掌侧。

反身侧走玉环步，梅花遍地金钱落。

三势迎风进八快，沉香力劈华山开。

飞天夜叉舞腾空，怀中抱月又归来。

四势二人紧摇头，上步撩阴三插手。

金童倒坐山门外，单看罗汉铁鞋穿。

五势提捶铁莲花，天王倒托黄金塔。

中定步，五虎朝阳。

闪身过，左右劈划。

六势行者盗芭蕉，退步珍珠倒卷帘。

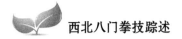

张飞醉酒施巧计，夜过巴州收严颜。

七势诈败虎归山，老祖骑牛过玄关。

串子手，大劈大砍。

悬偏桩，横胯当先。

八势八快快中稳，顿开金锁走蛟龙。

非刁手，莫要毒打。

用四两，巧破千斤。

四、封手拳介绍

封手拳又称"母子拳"，是广泛流传于我国西北地区，盛行于兰州的一种古老而优秀的地方拳种，甘肃武术界有俗语"秦州的鞭杆、河州的棍，兰州的封手不用问"一说。兰州是封手拳的故乡，八门封手拳以兰州为源头，后传入其他地区，各地区武术名家结合各自特色，对其融会贯通，形成各个地区的封手拳拳术，实乃武术界花开异朵，各表一枝。

封手拳以快捷的击技手法，著称于西北，其中之手法以独特的展法最为鲜明。展法即双手在胸前抱圆用手背向前撩出。封手门套路很多，手法也很多。封手拳以展轮为主，又有劈、靠、撞、顶、拍、抓、擒、别、抬、翻、滚、吸、发、放、插、戳、挖，演练封手拳要求一松二圆三快四扭五柔、圆中求直、直中求圆。

封手拳又讲究练就三节四梢、滚背拧腰、扭腰缩胯。基本功要求极严，如拳谱中说：大者大，小者小，大似金刚小似猴，拳打身法棍打轮。如没有很好的基本功，根本谈不到演练封手拳。封手拳源自福建南少林，手法严谨、步法灵活、招法繁多，一招变八招，八八六十四招，上中下三盘齐动，防中有攻，攻中有防，多法并用。出手不见手，出腿不见腿，明腿暗发，十二种腿法踢、蹬、踩、踹、点、摆、合等等，用法不同。

"轮子手"是封手拳的一大特色。它好比老子《道德经》中所指的"道"，在拳法中更是包罗万象，任何拳法都是通过"轮子"而随意发挥，它能进招拆招，粘连滚化，吃劲化力，妙趣横生。我练封手拳多年，如今仍在封手拳的"轮子"上玩味，它总有让人摸不到底的感觉。封手门人时常都是怀抱"轮子"在打拳，就像是抱个球在浑身滚动。即使在公开场合练拳，门外人是看不出其拳法的，这种练法在封手门就叫"用脑打拳"，这种隐形的练法，在脑子里始终有一个假想敌，敌人在变，自己也在变。必须经过长期习练，招法才能娴熟，对搏起来很是自然。封手拳法看似没来头，正如鞭子抽打在人身上让人受不了，就是这个道理。封手拳是一种技击性很强的拳种，通过上百年、多地区的民间流传，融合原有的地方拳种，成为甘肃乃至西北地区一种独特的、全国少有的高深莫测的武艺。

五、封手拳的拳理

封手拳为续功拳，有八卦之步法、身法，也有太极之柔法、虚法，更有瞬间化电光石火闪电之快法，所以练拳时，要求全身松柔，不发横劲，不用蛮力，顺其自然，周身轻灵，才能达到神明。封手拳要求：一松、二圆、三快、四扭、五柔。

（一）松

要求全身放松，筋骨肌肉之间都要放松，要松得干净，不留丝毫的僵劲、拙力，否则变化不灵，只有这样出手，才能打出迅雷不及掩耳之势。

松以心灵为上，心灵则手敏，心灵手敏则妙，妙如转环、逗引埋伏、出没无端，方不至为死手所拘。故练拳之法，首要做到松。

（二）圆

封手拳以展轮为主，轮即圆也，圆中求直，直中求圆，全身无处不是圆，大圆套小圆。拳谱中讲："子出母胎乃大小环，大小轮儿抬肘转。"大圆套小圆乃是复合法，则立如称准，活似走车轮，在圆的运动中，一方面保护了自己，顺势滑过，避其锋芒；另一方面见势出招，可谓巧拨千斤。

（三）快

封手拳以快著称，又叫封手八快，八快者为眼、头、手、脚、胯、肘、膝、肩。平时练习时，出手如蜜蜂采花，展打如黄沙盖面，脚踢如白蛇吐芯。拳谱中讲："急急急、快快快，展法如风响炸雷。"要求是手快打手慢，攻防在瞬间，由于放松则心灵手敏，出手妙而快，就使对方眼花缭乱，无从适应，更是被动防御，无暇进攻，此谓之"兵贵神速"矣。

（四）扭

扭到分毫，错至千里。意思是身随步法，用腰的左右扭动，化解对手之力，借力还力，可谓牵动四两拨千斤。全身上下扭动起来，身快步随，攻即防，防中有攻，连延不断，似乎关门封手，往复折叠。

（五）柔

封手拳是身心兼修的拳法，所以封手拳要求四肢腰腿不可用蛮力，不可用横劲。讲求打展如鞭梢，摇轮如面条。封手拳的柔要柔若无骨，丢弃所有硬功力，以松柔为法，自生松柔之力，出手快速，连绵不断，以此达到无为的境界。

六、封手拳谚语

多而不精，熟能生巧。

习练纯熟、自可制胜。

大似金刚小似猴，拳打身法棍打轮。

拳打万遍，不打自转。

手是两扇门，全靠腿打人。

拳假功夫真，修行靠个人。

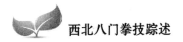

西北八门封手拳中的"斩"及其字义辨析

一、简述

八门拳系是在我国西北地区广泛流传的地方古老拳系,据考证,其形成系统的拳派体系距今已有 300 多年的历史。八门拳系最初始于兰州,拳系根基建立在明末清初流传的少林撕拳、少林炮拳以及九环锤之上,后经过不断融合发展逐步形成完备的拳派体系及众多拳术套路。至今,八门拳系仍然是甘肃、青海、宁夏、新疆等地区民众最喜爱的地方传统武艺,并且多地已经成功申报了地方非物质文化遗产。

八门拳系中的封手拳来源于清乾隆、嘉庆时期的福建咏春拳,之后经过与八门拳系的融合发展,形成了与咏春拳差异较大的独特风格,特别是清同治、光绪年间,兰州人陈登魁(绰号"八大王")以封手门顶门立户以后,八门封手拳系更是独立自主地快速发展,并在西北地区得到了广泛传播。

封手拳之斩母子又称"母子拳"①，该拳以快捷的击技手法著称于西北武林，其中之手法以独特的"斩"法最为鲜明。

二、"斩"的技法特点

"斩"的技击方法是手臂柔似鞭，以手背或四指（一般不用拇指）迅速打击目标的攻击方法，更进一步演变可以用袖口进行快速打击。

"斩"的打击形象说动如策马加鞭，凶恶如毒蛇吐芯，讲求突然性快速抽打，要快到几乎出手不见手的地步，在眨眼之间卸除对手的反击能力。"斩"攻击的主要方向是打脸，尤以打击双眼最为恶毒，辅助有打击软肋和会阴，防守时也可打击肢节的三节。

由于斩法过于阴毒，且违背"打人不打脸"的民间传统，因此，新中国成立前过来的很多老艺人，对于斩法的应用是非常注意分寸的，当然在你死我活的军旅对抗中，其不仅无所顾忌，且时常在袖口里缝有麻钱或者铁环，以提高斩法的杀伤力。

斩法的用力特点是凝聚力量于萌动初期，发出并到达目标后要有收敛，劲力为融会贯通的活劲，忌讳僵劲、死劲，特别是手掌的四指，打击中还要体现犹如弹簧崩缩的弹缩劲，按照过去老艺人的比喻，宛如石匠雕刻，剔凿中触发在石材上的劲是提住后回缩的劲，而不能是一贯到底的死劲，否则活计被打报废不说，家什也很快变钝，字义上这里体现的是"錾"字，形同打錾。还有干过刀斧手的老艺人比喻，宛如抡起大刀，劈下后是提住的劲，千万不能是放开不受控的劲，这种用劲特点，也体现在八门封手拳"斩打三分劲"的传授上。

————————————

① 母子拳意为拳母，是该风格系列拳路的本母。

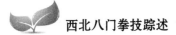

封手拳的"斩"有八斩、三十六斩、七十二斩等众多划分，但最基本的斩法是八斩，其他斩法是在八斩的基础上，通过步法、身法演变来的。八斩口诀见如下表述：

八斩口诀

立斩叠斩蝴蝶斩，迎风裹肱双挂斩。①

虎扑抱头②提水斩，梅花五步玄关占。

三、现有文献描述中的用字及字义解读

目前公开发表的作品中，关于八门封手拳这个独特技击方法的用字主要有"展""揾""撕""斩"四种。

"展"字在1990年人民体育出版社出版的《八门拳术》中选用，如书中记载斩母子为展母子；介绍动作特点手法有："拳法、掌法、展法、肘法"等；介绍技击方法有："画眉展、蝴蝶展、摺眉展、抹面展"等。字义解释方面，展字的含义主要是张开、延缓、查看、陈列、施行等，亦可用于姓氏，古文可同辗，即辗转。

"揾"字在2007年中华书局出版的《说剑丛稿》中《燕山常巴巴轶事辑述》一文中选用，如书中记载："八门拳异名甚多，常见者有揾母子、八门揾、封手、封手八快……"。字义解释方面，揾字的含义主要有两种，一种是作为动词，指轻轻地擦抹、拭抹，地方方言也有移动、挪动的意思；一种是作为名词，专指揾布、抹布，用来擦拭、清洁的布。

---

① 迎风裹肱分别描述的是迎风斩（亦称对口斩）、裹肱斩。

② 虎扑抱头描述的是虎抱斩（亦称虎头斩），又因多用于闪身横打，所以加上步法后称为虎扑斩。

　　"撕"字在1992年北京体育学院出版社出版的《八门绝技——炮拳·九环捶》中选用，如书中记载："撕法是八门拳术的主要代表手法之一。其不同于一般掌法，更不同于拳法，是以掌背和四指为力点，抖腕甩指打出。在技击中，击打的部位多为对方的面部、两目、咽喉、太阳穴、阴部和两肋。因其打的部位不同，又有撩阴撕、画眉撕、提水撕、干腕撕等之分。"在选用"撕"字的理由上，书中介绍为："何为撕字呢？文选《杨雄传》，《长杨赋》有'麾城撕邑、下将降旗，一日之战，不可弹记'。又有善注苍颉篇中载，'撕，拍取也'。辞源中讲：'撕手为拳术手法之一'。藉此可以说明撕法就是根据技击和用法的实际需要向前或向后；向左或向右；向上或向下的反掌拍击。"字义解释方面，"撕"字指除去，割去，引申指削、削锐、攻取。

　　"斩"字在1986年《武魂》拳械纳粹专栏文章《西域拳技——八门通背》中选用，如文章介绍技击特点的手法："斩、劈、挑、撩、砍、撞、推、挨、前、挤、靠"等；主要方法说明方面有："斩法是八门拳派的代表手法之一，亦是八门通背拳的主要手法，它既不同于一般的拳法，更不同于掌法。"字义解释方面，斩字的动词含义是杀、砍、截、断、破等；形容词有非常的、特别的意思，另外古文中有讨伐、攻打的含义。

　　对于上述四个文字到底应选择哪个，由于名称是自古流传下来的，不是现代产生的，因此从历史角度研究，才能最真实地接近其本意。

四、方言中的一些用语介绍

　　封手拳起源于兰州，归类兰州方言中带有 zhán 或 zán[①] 含义的用词和

──────────

　　① 兰州地方方言"zhán"和"zán"比较难以区分。

语句，是探讨该问题社会通俗文化的一个角度。

兰州方言中有"攒劲""展挂""放展""攒帮子""四蹄撂展""趱到喽""溅（錾）（趱）喽"等。

"攒劲"是好、正直、漂亮的意思，可用来形容人或事。说一个人"攒劲"，意思就是这个人好，正直仗义；说事情办得"攒劲"，意思就是事情办得好，漂亮利索。

"展挂"原指展开、舒展，兰州方言与"攒劲"的含义类似，也可用来形容人或事。

"放展"是指放开、放平、展开，在兰州方言中通常指不用顾忌，干净利索，彻底放开手脚去做事情。

"攒帮子"的含义是闲聊、吹牛，可以用"积攒腮帮子"来解释，意思是积攒了腮帮子上的劲，形容能说会道或白费口舌没有实干结果。

"四蹄撂展"的"展"也指展开、舒展，这里用马等四蹄动物展开四蹄来形容快速地奔跑、逃跑。

"趱到喽"的"趱"是快走、催促、加紧、使劲的意思，兰州方言"趱到喽"是指快速地离开、逃跑。

"溅（錾）（趱）喽"，兰州方言中"溅"不是发 jiàn 音，而是 zàn 的发音，与"錾"同音，指飞溅、崩飞的意思，有时也与"趱到喽"意思相近，可读作"趱喽"，形容躲避、躲开、逃避。

另外，兰州方言关于打人、打架的用词常用剁、捣、栾、踏、砍、搓、戳、斩、跌绊（跌、绊）、拾掇等，其中用拇指和食指卡喉咙称为"搓（戳）脖子"，用小鱼际和小拇指砍喉咙称为"斩脖子"。

五、部分古籍文献检索

明代万历刊本《天下四民便览三台万用正宗——武备门》在扭丝把势和中平枪势一页中，关于"起手爬法"介绍如下："一出变金鸡独立势手，一引一挺起一斩棍梢正打，收扭爬势。一挺起一斩棍梢正打，收扭爬势。一挺起一斩起一斩棍梢正打，扭爬势顺手一爬，顺手打展，收扭爬势。"以上棍术的用词，"斩"和"展"的武艺含义不是很明确，但可以推测"斩"是指棍梢的用法，这与封手拳的斩突出梢节类似。而"展"字在书中拳术部分并没有出现，因此推测仅是器械部分的特指内容，即此处"打展"与封手拳中斩的含义完全不同。

心意六合拳传有戴龙邦作序的《心意六合拳谱》，有研究结果证明，其不属于乾隆十五年作品，而是后世托名之作 ①，但按照托名作品来算，成书至少也在清晚或民国早期。拳谱记载有八法，"斩、截、裹、胯、挑、顶、云、领，出势虎扑，起手鹰捉、鸡腿、龙身、熊腰、虎抱头。斩，劈拳也……"。另外，网络载有 ② 山西平阳府浦州人氏姬宏（字隆峰）编写的《心意六合拳古拳谱——四拳势论》，该拳谱记载："出手横拳无敌家，侧身挑领阴阳法；鹰捉拉绳决断动，斩手四平染黄沙；……"以上表明，心意六合拳派赋予了"斩"明确的武艺技法含义。

洪均生编写的《陈式太极拳实用拳法》中，在"陈氏太极拳实用拳法二路（炮捶）详释"一节里有"斩手"的技法，书中名释考和动作要领说

---

① 郭华东、张全海公开发表《戴氏心意拳史研究杂谈》《戴龙邦与心意拳无关》《再谈"戴龙邦与心意拳无关"——兼谈九要论》等学术论文，论证戴龙邦作序的《心意六合拳谱》属于后世托名作品。

② 2007 年最早见于新浪博客大烟鬼的博文，后被多次转载，疑似网名大烟鬼是尚氏形意拳著名拳师吕太敏，该微博自 2007 年以后始终处于静默状态。

明中也有详细说明，然而查阅古籍文献与抄本《太极拳经》《太极法说》《陈氏太极拳汇宗》《国术太极拳》等，都没有"斩手"技法的描述，因此认为可能是来自炮捶的内容，或也可能是现代人编纂的结果，由于炮捶相关古籍文献暂未检索到，该问题只能作为进一步研究的课题。此外，形意拳有斩手功，红拳也流传有斩手技法，但都因古籍文献暂时难以查证，故都暂不做论述。

封手拳斩母子技法来源于福建，对现有永春白鹤拳、咏春拳等相关古籍检索却没有发现斩的相关内容，这说明斩母子武艺技法来源于福建，而拳路和技法名称出自本地。咏春拳近代文献关于"论交关接手"论述中有"消（敧闪）、迭（连续）、收（吞守）、除（断离）、展（展幅）、转（圆转）、反（逆势）、侧（顺势）"八法，而文中对展字表示展幅以及"刚柔相济化"的描述，也不是封手拳中斩的特点。其实对比封手拳大劲手中斩的凶悍狠毒程度，似乎与早期拳谱中介绍的山西心意拳、形意拳以及陕西红拳的风格更为接近。

现今绵张拳、大成拳、祁家通背、八极拳等拳派，都有掸手的打法，其中绵张拳掸手的实质与封手拳的斩法没有区别。受古籍资料来源所限，仅查《张氏短打拳》《通背拳法》等古籍，没有查到掸手技法名称的记载。掸的字义是轻轻地抽或拂，去掉灰尘等，相比捵字多了抽的含义。

六、相关字义辨析

首先《八门绝技——炮拳·九环捶》中的"搀"字，因读音为 chàn 或 cán，字义是指除去，割去，可引申为指削、削锐、攻取，其读音和字义均与八门拳中的这个技法不符，至于所谓《辞源》中"搀手为拳术手法之一"的说法，恐怕也是和武艺中的缠手、黏手等搞混淆了。至于"根据技击和用法的实际需要向前或向后；向左或向右；向上或向下的反掌拍击"。这也明显是八门拳轮子手、咏春拳黏手的特点，并非斩法的根本，所以"撕"字明显不合理。

从封手拳技法的特点以及民俗方言特点来看，"捵"字作为轻轻地擦抹、拭抹的含义，明显与技法的动作和内在含义不符，如果用拓展的袖口技法来生搬硬套，那就变成是"抹布"的甩打功能，似乎看上去像回事儿，可"捵布"的"捵"实则还是擦拭的意思，此处并无甩打、抽打的含义。

"攒"字在方言含义上与封手拳技法的内涵相差甚远，如果以现代汉语"攒动"分解，此时"攒"字有晃动的含义，这还勉强沾点儿边，然而特指拥挤、缓慢地晃动用意，显然又不合理。

"展"从动作展开、放开、舒展方面描述封手拳技法，含义是不准确的，如果用"展翅飞翔"来形容鸟类扇动的翅膀，似乎含义明确了，曾有老艺人的口头语也表露这种含义，比如提醒"展展子放开"等，然而无论"展翅飞翔"，还是单说"展翅"，此处"展"都是指张开、展开，用以形容雄鹰在高空中翱翔，更多的是一种静态的展翅雄姿的意境。另外，兰州方言中，对于鸟类扇动翅膀，也没有用带"展"字的俗称。所以综合封手拳技法特点来看，"展"字并不是很好的选择。

"趱"字单独从字义上看，并不符合技法的含义，但由于兰州方言读音中"錾""趱"同音，且作为形容词时意思也相同，但若对"錾""趱"两个字进行选取，结合封手拳技法内涵，应该是选择"錾"字。

对于"錾""斩"两个字，从封手拳技法的特点和含义来看，"錾"字的含义较为接近，也符合石匠、木匠、铁匠等民间艺人的专业用语，比如老艺人常讲的"打了一錾""一錾就合适喽"等。如果从古汉语角度查证，《说文解字》对"錾"字解读为"小鑿（zao，同'凿'）也。从金，从斩，斩亦聲"，这表明古汉语中"錾"与"斩"的含义是关联的，有时可以通用，如《墨子·备蛾傅》中"斩城为基，掘下为室"，此处"斩"同"塹"，而古文中"塹"又与"錾"字义相同，如"处处有石，寻得脉络，用铁塹签入，击以巨锤，用力推挤，即翻腾而下，取石甚便"[①]。另外，"斩"在古文中字义同"眨"，如古文"杀人不斩"[②]，现代汉语的眨眼，在古汉语中也称为"斩眼"，如"那汉子杀人不斩眼，岂肯干休？"[③]。其实再来看兰州方言"趱到喽"，此处"趱"字除了有方言"溅喽"的"溅"字地方读音外，字义上推测也应是通古语"斩"，指眨眼之间跑得不见踪影。

七、结论

西北八门封手拳的斩法是古传至今的迅速攻击的专有手法，其不同于掌法、拳法、勾手等手法。在名称用字的选择上，"斩"与"錾"古代字义相同，使用斩打或錾打来描述，符合八门封手拳劲力要求，同时"斩"与"眨"在古代字义也相同，眨眼之间的迅疾也符合技法特点，所以自古口传相授的八门封手拳这个技法与名称，使用"斩"字是合理的。

补录：

锤法口诀

攒锤翻锤双撞锤，挛锤掼锤三闪锤；

双挂炮锤通天锤，太子上殿左右催。

---

① 转引自清严如熠《三省边防备览·策略》。

② 转引自董解元《西厢记诸宫调》卷二："一双乖眼，果是杀人不斩。"

③ 转引自明兰陵笑笑生《金瓶梅词话》第八回。

【注释】攒锤也可称錾锤，与崩拳相同。翻锤即翻拳，以八闪之翻而闻名。双撞锤以伏虎罗汉为势，拳打猛虎出洞、双风贯耳、小鬼推磨等。挛锤可理解为钻拳，与攒锤共同著称为形意拳独特拳法。掼锤即砸拳，也有贯锤之称，现弹腿门常见此拳法。三闪锤可简单理解为摆拳和拧拳的综合，因多配合步法巧妙打出里外摆拳及跤法。双挂炮锤是双挂锤，猛虎硬爬坡之势，且不限于此。通天锤又可称为冲天锤、冲天炮，由神通护法韦陀菩萨取意，民间有通天罗汉之称，俗称东方大力神，整体劲中突出腰、腿上抬力量。

腿法口诀

朝阳式，奔腿连诛抱头攒，何谈慢拉快打；

汤四平，靠山起宝背顶腿，须知扭丝滚进。

闪披手，勾镰插生跺子腿，莫忘颠翻倒插；

八步转，鸳鸯火龙石赶腿，切记猴进狗退。

【注释】奔腿，古称进腿，指由内而外突然发出的踢腿，有大奔腿、小奔腿的区分。抱头攒俗称包头簪。靠山起宝属穿袖腿法的一种，此处涵盖所有踩桩腿。披在兰州方言中读 po 音。勾镰插生指插身腿。鸳鸯火龙指火龙腿，包含就地火龙腿、鸳鸯腿、鸳鸯连环腿、旋风腿等内外摆的腿法。石赶腿或称矢赶腿、石敢腿，包含连续击发的小奔腿、二踢腿等跳步、跃步腿法。

手法口诀

花手云手裹肱手，十字闪披佛汉手；

拥手单鞭轮子手，小鬼搓皮任自由。

【注释】花手包含抄手。云手也称芸手，含外皮、里皮。十字闪披分别为十字手和闪披手。佛汉手亦有佛汉掌之称，双手双掌之法。拥手单鞭指拥手，拥手古称雍手，雍指遮蔽。轮子手是阴阳相抱转换之手法，亦称混元手、无极手，手法之本母。小鬼搓皮为小鬼推磨、鬼拉钻的方言称谓。

西北八门武艺的八步转和乱八步

八步转，西北八门拳种之一，讲求步走奇正，强调拳打八方，故名八步转。演练时步走弧形，类似八卦，但又别于八卦。八步一转，拳势小巧玲珑，动作快速敏捷，身法灵活自然，忽前忽后，忽左忽右，变化多端，技击意识浓厚。

八步转拳谱

摆步斜身忙四点，转身坐马到面前。

左手上架右手砍，梅花挂面真好看。

平上步，脚往近站。

冲天炮，紧在后边。

鸽子翻身往下掼，退步卧虎忙一闪。

探马朝阳都不算，催身上步才有赞。

实际上，在西北八门拳派中，八步转是封手拳中的一个法式，先辈们在此式的基础上创编了八步转和乱八步（有的称"銮八步"），基本特点是一打一转，但周的步数变化较大，俗称"四步一周顾前后；八步八方乱点兵"。乱八步又有"封手三"的俗称，老趟子共计四趟，其拳诀的韵律与封手拳类似。

乱八步拳诀

八门封手在八门，出手先关两扇门。

花手顾得上中下，挑手还在撕劈划。

一打封逼忙进退，二打狮子滚绣球。

三打窝锤奔中堂，四打八步在八方。

五打猴进又狗退，六打鹞子翻身跨。

七打婆娘捣窝嗦，八打乱步上殿堂。

打前顾后又左右，打的虎扑戴梅花。

要知此拳名和姓，天门八步归属它。

.

兰州方言对八门拳系影响的探讨

　　隋文帝开皇三年（583），我国开始实行人才选拔的科举制度，至清光绪三十年（1904）七月最后一次科举以后，封建科举制度从此结束了它的历史使命。在历时一千多年的科举制中，甘肃非常遗憾地从来没有名正言顺地出过状元！现今所谓考证的唐代的李程、李玘和元代的贵拜柱、余阙，他们要么充其量是特殊历史时期的分科进士，比如李程、李玘；还有的就是考取状元时的行政管辖区当时并不归属甘肃，比如贵拜柱；再有就是祖辈入了其他省籍后，子孙考取的状元，比如余阙。据说由于这个缘故，过去在甘肃所有的文庙正门都不能打开，因为按照习俗，文庙的正门是专门为迎接状元而开的，因为没有出过状元，所以正门不能打开。实际不开正门也是以此激励甘肃书生们要奋发图强，遗憾的是，历史没有再留给甘肃这个机会，封建科举制度就轰然倒塌了。

　　甘肃没有出过文状元，可是武状元却出了几个，仅清代康熙一朝就同时出了张文焕、马会伯、李如柏三名武状元，尽管现在说起来他们的家乡属于宁夏，但在康熙年间，宁夏可是名副其实地属于甘肃行政辖区，所以这三位武状元就是名正言顺的甘肃武状元。

以上的历史可以说明一点，即甘肃地区在封建王朝的年代，社会整体的文化层次比较低，民众的文化水平也是比较低。近代历次人口普查也能体现这个问题，清朝和民国时期，不用说甘肃，就是国家也没有有关文化水平方面的统计数据，只能依据一些历史资料进行推算。现在比较公认的资料依据是《剑桥中华人民共和国史》和《民国教育史》，推断的结果是截至 1949 年，中国的平均文盲率大约是 80%，而且被视为识字的 20% 的人当中，已经包括了那些只认识几百个汉字的人和在今天只能列为半文盲的人。假如当时全国的状况尚且如此，那么作为更加封闭、落后的甘肃地区，恐怕文盲率要达到 90% 以上，如果再剔除不能完整识读信件的半文盲，那么 1949 年以前甘肃地区文盲率会更高。曾有兰州郊县的老人回忆，新中国成立前 30 多户的村子里，识字的人也就是两三个人，可见按照这个说法，文盲率要达到 96% 以上。新中国成立以后进行了多次人口普查，1953 年、1964 年的第一、第二次人口普查没有统计文盲比例，1982 年全国第三次人口普查结果甘肃省总人口为 19569261 人，其中文盲 6344756 人，文盲比率达到 32.42%，这就是说 1982 年的甘肃，在新中国成立 33 年后，每 10 个人中还有 3 个是文盲。

　　八门拳技在甘肃流传，比较公认的是开始于清代康乾时期，尽管各家的第一代宗祖有商人、军人、师爷、出家人或者宗教人士等，但第二代本地的继承者大多是脚夫、更夫、筏子客、羊倌儿、皮匠、衙役、伙夫、店小二、鞋匠等社会最底层的劳苦大众，就算有少数民族的满拉、阿訇，但那个年代恐怕他们的汉语水平，也应该是与汉族的文盲在同一个水平，这个状况持续到咸丰末年稍有好转，一些门宦的第三代、第四代开始有地主、富贾、账房、郎中、军官、举人等社会地位较高的传人，但是处于社会最底层的继承者依然广泛地存在。

由于文化水平的限制，八门拳技在甘肃社会最底层的流传主要靠口述，也就是所说的"口传身授"，其传授的文化特点也是普通大众最能通俗易懂的语言和词汇，其中也含有宗教、戏曲、地方方言的特色，这在很多招式和法式的名称上都有体现。比如辘轳、闪坡、窝缩、捣、撒、蹦、挖……

八门拳中最常见的"大奔腿""小奔腿"的称谓，按照兰州方言应该与俗称"崩了一哈"或"崩了一脚"的意思接近，兰州方言"崩了一哈"或"崩了一脚"包含快速、弹射、打击的含义，所以这里体现的是"崩"字，从"大奔腿""小奔腿"的名称来看，应该是大崩腿、小崩腿才更符合它原本的含义。

"展母子"是现在对封手门一个拳法的冠名，但实际"展母子"是兰州封手门第一代宗师杨师爷传下来的最初拳法，所以兰州老把式有很多把"展母子"也称为封手。已经比较清晰的探究结果表明，兰州"展母子"来源于福建咏春拳，与广东咏春拳也具有很亲近的关系。兰州"展母子"最为根本的核心手法是"轮子手"，咏春拳最为根本的核心手法是"粘手或黏手"。在兰州方言中，粘或黏是一个意思，比如形容不是干脆利索的表露时，常用"粘粘糊糊的"或者"黏黏糊糊的"语句来形容，这与陇东地区具有关中语系的"苒乎得很"有非常明显的区别。从这个历史渊源上看，"展母子"其实更应该叫"粘母子"才对。另外，有人从打击特点上选择"搌"字，因为封手拳中还有一个招法叫"打搌"，但是如果把"打搌"的含义翻译成轻轻擦抹的"搌"字，那含义肯定是不对的，具有砍与截的含义的"斩"字，还能勉强说得过去，实际从打击特点上看，最合适的字其实应该是"錾"字，因为"打錾"的含义是雕刻时的一种手法，錾子头上的力度要拿捏有度，特别对细微处的处理，硬力錾剔，不仅损伤工料和造型，对錾头的损害也很大，所以此时錾头打击后是迅速微收的手感。

八门拳系中有个"八三拳"，从文字与技击的含义理解，找不出"八三"对应的含义。按照地理名称看，川陕交界的确存在个山脉叫巴山，但是200多年的八门拳技中，丝毫找不到与巴山有关的内容，即使现在在全国范围内，也没有与巴山有关的拳法，倒是有与八闪翻、巴掌拳、巴子拳等名称接近的拳路，因此"八三拳"只能从地方方言来解析，或许才能更合乎它本来的含义。兰州地区在民间私下介绍武艺套路名称时，兰州方言有一个非常独特的特点，就是将所有徒手套路大都统称为拳，几乎没有用掌来描述拳名的，比如少林不论拳、掌，统统称为"少林拳"；八卦掌则被称为"八卦拳"。从兰州地方方言来看，八门拳中存在"闪拳"，比如闪锤、三闪锤、八闪等，所以"八三拳"应该是八闪拳才符合拳法命名的惯例。其实由于方言的缘故，现在兰州地区农村还有将八闪翻称为八闪拳的，至于八闪拳是否就是八闪翻，或许从拳理与特点上可以进一步推测。

　　登州捶是依据地名登州来命名的，但是这个命名其实也是很有意思的，因为以地名命名的武艺实际很少，而以古代州命名的，除了登州捶、西凉掌，恐怕找不出第三个来，并且现在更有意思的是古代登州（蓬莱）没有登州捶；西凉（武威）没有西凉掌，登州捶在远离蓬莱千里之外的兰州，西凉掌在远离武威千里之外的扬州，这与同是用地名命名的少林、武当相比，具有非常明显的差别。实际按照兰州方言特点以及八门拳命名习惯，登州捶或许有可能在口述传播中称为"撑肘锤"。"撑"字同"扽"，是一松一拉的动作，有时也与拽、拉的字义相近。撑字在兰州地方方言中也经常使用，比如形容身上的衣服被拉住了，兰州话讲"撑住喽"，累赘添乱的"拉后腿"的含义，在兰州话里讲"扯腿子的"或"撑住腿的"等。其实从一松一拉的动作含义看，登州捶中不少的技法与演练就是这个含义，所以从武艺打法、招式内涵的风格、特点等方面来分析，登州捶或许是"撑肘锤"，主要突出一松一拉、一顿一搓的发力特点，其武艺渊源或许与八极拳还有一定的关系，当然猜测仅是猜测，猜测以外的内涵、风格、特点等才是重要的。

八门武艺研究能发现一个重要的现象，即西北地区的武艺基本都是由中原地区传来的，这也就是老艺人一再强调的"武艺是东面来的"的渊源，但武艺传到西北以后，不仅仅是技法的融合，还存在更多文化、方言方面的输入与融合。因此，研究西北地区从历史上流传下来的武艺，当一些解释不能很好地进行诠释时，不妨从地方方言入手，或许能享受"醍醐灌顶，甘露滋心"的清爽，体验"山重水复疑无路，柳暗花明又一村"的喜悦。

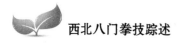

古技法"太子上殿"

　　八门拳技很多趟子里有太子上殿的技法,如撕拳、炮拳、九环锤、燕青单拳、手母子等,实际上,太子上殿在趟子中不仅仅作为一个招式,其本质是一个可以贯穿招式的法,这个技法从习练八门拳技之初,就是非常重要的习练内容。

　　在八门拳技母子拳的撕拳中,太子上殿内场技法的练法分为两个过程,即"小生子"法和"老生子"法。"小生子"法是步法固定的原定位练习法,"老生子"法是步法移动的活步练习法,不论"小生子"法还是"老生子"法,都可以习练辘轳换肩、老汉取柴、开弓搭箭、燕子吸泥、双挑袍、搬拦式、闪锤等招式。

图1　32势中几个类似于八门拳技太子上殿的招式

　　太子上殿对于习练八门拳技的人来讲,可以说是非常熟悉的。但是这个招式为什么称为太子上殿?是指哪个太子上殿?太子怎样上殿?等等,其中的文化背景含义几乎很难讲清楚。

单是从"太子"两个字来讲,简单说是对古代帝王的法定继承人的称谓,一般是由皇帝赋予其子嗣的身份名称。我国除在清代康熙以后没有再设立太子外,历朝历代的太子可谓星罗棋布、不胜枚举。而在清代康乾时期,以撕拳、炮拳为代表出现在西北的八门武艺,将太子上殿作为最重要的秘传功法,这也与康熙以后不设太子的世袭文化背景相吻合。

尽管太子所指的群体是单一的皇帝接班人,其文化内涵也相对简单,但是"太子殿"的文化内容所指就非常复杂了。

在皇家礼制方面,太子殿又称为东宫,这也和易学八卦有很大的联系,同时寄托着非常美好的祝愿和寓意。中国古代在方位上固有地存在着很重的等级观念,皇帝作为最尊贵的人,需要坐北朝南,而对于东西两个方向而言,东方为大,太子作为皇子之首,地位仅次于皇帝,所以居住在东边的宫殿中,而太子的生母也自然是东宫皇后。

在佛道和民俗方面,太子殿的文化分类很多,有供奉为民祈雨坐化成仙传说的山西宁武县太子殿;有纪念号召"是法平等,无有高下"的北宋方腊起义,供奉方腊之五子的安徽宁国市潘茶村的太子殿;有历史渊源上与护国寺扯上干系的江西南昌太子殿;而在众多以太子殿为名的道观、寺院、庙宇里,最为著名的是湖北武当山太子坡供奉真武大帝的复真观太子殿。

真武大帝又称玄天上帝、玄武大帝、佑圣真君玄天上帝、荡魔天尊、玉虚师相、九天降魔祖师、无量祖师,全称真武荡魔大帝,是我国神话传说中的北方之神,为道教神仙中赫赫有名的玉京尊神。湖北武当山供奉的主神是真武大帝,道经中称他为"镇天真武灵应佑圣帝君",简称"真武帝君",民间传称还有荡魔天尊、报恩祖师、披发祖师等。

图2　洞天云盖图（[明]广东佛山博物馆藏）

据明代《敕建大岳太和山志》《太和山志》记载："祖传帝之先为净乐国王，净乐治麋，而均即麋地，故以名宫焉。"这个记载说明了真武大帝的父亲是净乐国国王，因而就有了真武大帝是净乐国太子的说法。宋代道教经书《元始天尊说北方真武妙经》中描绘，真武大帝是披发黑衣、金甲玉带、仗剑怒目、足踏龟蛇、顶罩圆光的威猛形象。

武当山将真武大帝作为主神供奉，这与明成祖朱棣有直接关系。明太祖朱元璋第四子燕王朱棣发动"靖难之变"，夺取了建文帝朱允炆的皇位，而朱允炆恰恰是懿文太子朱标病故后所立的太子太孙。由于明成祖朱棣夺权有违帝制，为了消减朱允炆太子太孙正统地位在民间的影响，鼓吹自己是"顺天承运"的政权，朱棣怂恿当时处于较高政治地位的道教教徒，传播燕王在"靖难之变"行动中，真武大帝予以显灵相助的说法。借助这个说法，已经是皇帝的朱棣顺势下诏特封真武为"北极镇天真武玄天上帝"，并大规模地修建武当山的宫观庙堂，建成八宫二观、三十六庵堂、七十二岩庙、三十九桥、十二亭的庞大道教建筑群，使武当山成为举世闻名的道教圣地，并在天柱峰顶修建"金殿"，奉祀真武大帝神像。因有帝王以及国家财力的大力推动，真武大帝的信仰在明代达到了鼎盛阶段，宫廷内外普遍修建了大量的真武庙。

实际上，真武大帝在宋代真宗以前被称为玄武大帝，只是在北宋大中祥符年间（1008—1016），为避宋真宗梦见的赵氏圣祖赵玄朗名讳，改玄武大帝为真武大帝。而玄武作为北方之神，远古时期就已经存在。古代天文学把周天分为东西南北分别作为青龙、白虎、朱雀、玄武，敬为四神，而这四方保护神又各有星辰七宿，因此古代天文周天星辰合计有二十八宿之称。

其实，不管是借助净乐国太子出身的真武大帝神威来压制明太祖太子太孙的建文帝，还是规避宋真宗赵恒梦见赵氏圣祖赵玄朗的名讳改玄武为真武大帝，这些帝王将相的历史对民间文化的影响，在西北八门拳技中也有体现。

西北八门拳技有十天干、十二地支的区分，讲求阴阳变换的法则，追求三盘三蓬的动机，强调五行八门的变换，二十八宿的归位，等等，而太子上殿技法，更是附会北方玄冥之神真武大帝的斩妖除恶精神。

太子上殿技法始终强调面向北方操练，而且就是对于撕拳、炮拳这样多个来回的趟子拳，前辈老艺人也是要求面向北方演练。对于这个原因，一些老艺人解释是历代宗祖灵位在北方，面向宗祖演练是接受宗祖的监督，是对宗祖的敬仰。还有老艺人明确说就是面向玄武大帝演练，而且是清早起来，洗漱干净后才能演练，否则是对圣人不敬。这里假借宗教神说，其实掩盖一个非常实际的符合人体科学的道理，太子上殿的"小生子"技法，在清晨早起人体空腹状态下练习，对于五脏六腑的锻炼具有非常好的效果，其讲求身、力、意、气、法自然过渡的要求，长期坚持习练对增进功力帮助极大。另外，由于人体处于空腹状态，"小生子"技法要求单边单式演练次数为3，5，7，9，最多不超过9，每次演练内容以5为限，这也体现了五脏六腑中五行的学说。

除了道教与民俗的关系外，正如前面介绍的江西南昌太子殿与护国寺历史渊源关系一样，太子上殿与佛教也有说不清、道不明的关系。

佛教在传入我国后，与我国本土文化进行了大量的融合。《灌洗佛形象经》说，佛诞生时，随地行七步，举右手而言："天上天下，唯吾独尊，当为天人作无上师。"佛教的浴佛节，又称佛诞日，时间为每年的农历四月初八，这一天是佛祖释迦牟尼的诞辰日。由于传说释迦牟尼降生时一手指天、一手指地，大地为之震动，九龙吐水为之沐浴，后来浴佛之像是右手指天、左手指地的孩童神像，也称之为太子像，因此佛教中太子像的太子，也明确是指释迦牟尼佛祖。

图3　太子佛诞生瑞相（［宋］莫高窟第76窟）

与信奉道教的明成祖朱棣一样，在佛教社会影响力大的历史时期，同样也出现了杀太子夺皇位的皇帝。我国唐代武德九年农历六月初四，唐太宗李世民借助"玄武门之变"，杀死了自己的长兄皇太子李建成和三弟齐王李元吉。同年七月初五，李世民逼迫唐高祖李渊立自己为新任皇太子。同年九月初四，李世民逼迫唐高祖李渊退位，自己继承皇位，是为唐太宗，年号贞观。

历史往往存在非常有意思的相似之处，唐太宗李世民借助"玄武门之变"，杀死太子，逼迫高祖退位夺得皇位，而他自己立的太子，也险些效仿他发动宫廷政变，采取与他同样的手法逼宫夺权。

唐太宗即位后，立自己的长子李承乾为太子，时年李承乾仅八岁，唐太宗李世民对太子李承乾的培养，也算是煞费苦心。然而随着年龄的增长与岁月的变化，成年以后的太子李承乾，竟然傻到不念唐太宗李世民铁心力保太子接班的苦心，居然妒忌魏王李泰受到的恩宠，起了暗杀魏王李泰的贼心，进而妄图逼宫夺取皇位。事情败露后，按律应当处死，但李世民念在多年悉心培养的父子情谊，将太子李承乾废为庶人，流放黔州，总算是保住了爱子的一条性命。一年以后，唐贞观十八年农历十二月辛丑日，李承乾难以承受惶恐、寡欢、抑郁的生活，病故于黔州。在太子李承乾病故的第三年，贞观二十年春，李世民敕令尉迟敬德于现江苏兴化市戴南镇七星庄原破败小庙处监建禅寺，并亲笔题"护国寺"，以旌表"护佑大唐国"之功，其中也包含对太子李承乾的复杂情感。

在武艺方面与李世民密切相关的当属少林寺了，特别是家喻户晓的"十三棍僧救唐王"的故事，更是武林千百年来流传的历史佳话，至今少林寺千佛殿内仍然绘有明代绘制的十三棍僧救唐王的壁画。

少林寺的千佛殿也叫毗卢阁，是少林寺最后一个殿堂，也是在1927年没有被战火烧掉的一个殿堂，殿内保存有至今完好的大型彩绘壁画，因为这些珍贵壁画，所以千佛殿也被称为少林寺最珍贵的殿堂。

少林寺千佛殿始建于哪朝哪代已经难以考证，但现存建筑重建于明朝末年，殿内佛龛中供奉着明代铸造的毗卢佛铜像。佛龛后面北壁及东、西两壁，绘有"五百罗汉朝毗卢"大型壁画：壁画高 7.5 米，长 42 米，面积约 320 平方米。如此规模的古代壁画是全国同类壁画中极为罕见的。五百罗汉形貌奇特，分为 35 组，每组各表达一个故事。

图 4　五百罗汉朝毗卢·局部（［清］少林寺千佛殿壁画）

图 5　比武·局部（［清］少林寺千佛殿壁画）

据史籍记载，少林寺千佛殿自明代重建后，进行过三次大规模的修缮。第一次约在清康熙十年（1671）前后，清《少林寺志》所收焦钦宠《重修千佛阁疏》有较明确记载；第二次在清雍正十三年（1735）敕修少林寺，清《登封县志》云，千佛殿"雍正十三年奉敕重修"；第三次在清乾隆四十一年（1776），乾隆四十一年七月所立《重修千佛殿记》云："千佛殿岿然特立，风雨易侵，日就颓废。……鸠工于乙未（1774）之九月望，落成于丙申（1775）之四月朔。翼然焕然，较旧制更廓然改观焉。"

图 6　少林寺千佛殿脚印坑

少林寺千佛殿除了著名的壁画以外，还有在武林盛传的少林僧人习武留下的四十八个深浅不同的脚印坑。如前所述，如果从清乾隆四十一年重修千佛殿的时间推断，此时恰恰是西北兰州八门武艺形成的重要历史时期，而且八门武艺无论拳技与棍仗，都有出自少林的世代传授，这不仅仅是时间方面的巧合，四十八个脚印坑还是非常让人惊异的吻合证据。如果西北八门拳技太子上殿技法的"小生子"法始终在一个位置习练，脚下出现脚印坑也是必然的结果，更为吻合的是"小生子"法习练步幅与少林寺千佛殿脚印坑的步幅居然也是吻合的。依据年代相同、传授指向，以及高度吻合的脚印坑，可以做出这样的假设，那就是现在八门拳太子上殿"小生子"法武艺，应该与当年少林寺千佛殿习武僧人所习练的武艺是极为相近的一种武艺，进一步地推测，很可能现在八门撕拳、炮拳太子上殿的"小生子"法，或许与当年少林寺僧人习练的少林心意把，也是极为接近的。在这个假设下，结合太子上殿面向北方习练的习俗，可以假想当年少林僧人习武的神圣场景。四十八个脚印坑，二十四个站位，容纳二十四位朝向北方的虔诚者，他们面对"毗卢遮那佛"（释迦牟尼佛的法身）以及五百罗汉朝毗卢壁画，在黎明幽静的深山古刹里，仿佛"二十四诸天"护法再现，意念驱使着"推波助澜""拨云见日""顶天立地""开天辟地"的乾坤变换，成就着一代又一代武艺传承的绝唱。

图7　拗单鞭与探马势（［明］《武备志》之32势）

最后再来看看前面提出的问题。为什么称为太子上殿？因为不论佛、道的太子，还是现实中皇帝的太子，都是指成为圣贤之前的身份，而在太子殿里理事和磨炼，也是在成为圣贤之前的历练，所以太子上殿就是成就武艺前的磨炼与历练，是必须要经历的一个重要前期过程，这个过程承接着本质的转变与升华。至于是指哪个太子上殿，那么肯定是能修得武艺正果的太子，修不得正果，或者没有去修正果，必然得不到武艺正果，这里借以比喻对练武者大浪淘沙式的筛选，也暗示了苦尽甘来的辛劳所属。至于太子怎样上殿？除了武艺法式以外，更多的还是用来比喻对武艺坚持不懈、永不放弃的执着吧！

太子上殿之"小生子"功法

一、拨云见日

图 1 　　　　　　　　图 2

图 3 　　　　　　　　图 4

二、搬拦式

图 5

图 6

图 7

图 8

三、老汉取柴

图 9

图 10

四、开弓搭箭

图 11

图 12

图 13

图 14

五、双挑袍

图 15

图 16

图 17 　　　　　　　　　　图 18

图 19 　　　　　　图 20 　　　　　　图 21

六、燕子吸泥

图 22

图 23

图 24

图 25

图 26

图 27

图 28

图 29

图 30

图 31

太子上殿和其他武艺渊源初探

太子上殿技法是随同撕拳、炮拳一起流传的内场练功技法，只要系统地传承了撕拳、炮拳，必然会有太子上殿的练式，至于太子上殿的练式到底有多少式？从固定练式"小生子"法来看，基本式有拨云见日（包含4式：推波助澜、拨云见日、顶天立地、开天辟地）、辘轳换肩、老汉取柴、开弓搭箭、燕子吸泥、双挑袍、虎劲头、搬拦式、坐虎式、汤平式、四平式、金鸡独立式、立马跨蹬式13式（或称16式），由于双挑袍和虎劲头、搬拦式和坐虎式及四平式、金鸡独立式和立马跨蹬式等，可以合并为联动的一式进行训练，再加上辘轳换肩固定式仅是初练之式，随后就含在太子上殿动练式"老生子"法中，这样经常练习的"小生子"法有7式。如果从太子上殿动练式"老生子"法上，看有多少式？因为撕拳、炮拳所有招式都可以在太子上殿"老生子"法上习练，所以具体招式就很多了。

"小生子"法不强调将常用的7式每次都练到，但基本式（拨云见日）、开弓搭箭、搬拦式、燕子吸泥这4式是每次要练到的，练法上左右合并算1次，取3，5，7，9的单数，最多不超过9，多以3，5为主，这大概是古人在练法上总结的自我保护之法，即不能过劳而损伤身体。在练习的时辰上,以清晨空腹时为最佳,其他时间在饭后一小时以后,当日练习一次,每日是否连续不间断,并没有严格要求,也可隔日练习,也可隔几日再练,但强调不放弃。老艺人强调要面向北方而练,如前所述,大约跟此法从少林毗卢阁传出有关。

定式练习的"小生子"法,与之类似的其他功法有站式练习的八段锦。首先,两者都有固定位训练的特征。其次,八段锦中的"左右开弓似射雕"类似于"小生子"法的开弓搭箭;"摇头摆尾去心火"类似于燕子吸泥。不同点是八段锦仅是作为养生功单独练习的,太子上殿是作为撕拳、炮拳的内场功法来练习的。另外,太子上殿之"小生子"法在意念方面有很多要求,这也是该法要求清晨寂静之时练习的原因之一。总体来看,为什么太子上殿"小生子"法与八段锦有如此紧密的关系,这从八门步势图歌诀与八段锦口诀对照上,就可以一目了然,二者其实就是一种功法,只是练法、功法、要求不同罢了。

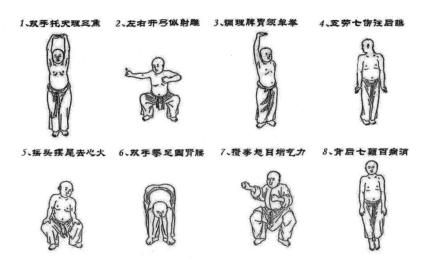

图1 八段锦动作示意图

其他功法与太子上殿"小生子"法类似的还有太极拳。太极拳在练法上讲求入静放松、以意导气，太子上殿"小生子"法不仅提倡入静放松，还提倡尽所能及、反转撕扯的特点，且不求贯力，有日久自然上劲的传授。太子上殿虽说与太极拳都有个"太"字，但二者武艺方面的关联似乎又风马牛不相及，但是考证太极拳的历史，却有一个惊人的事实，太极拳开门祖师陈王廷却是练少林锤出身的。不仅如此，陈家沟陈家历史上就一直有少林炮锤的传承，当地还有"炮锤陈家"的美誉，最初的太极拳也叫太极13式。这样看来，太子上殿"小生子"法与太极拳类似就不是简单的巧合了。一个是撕拳、炮拳的内场功法，撕拳、炮拳本就分为撕拳和炮拳，历朝历代口口相传的也属于少林拳法，且在古代以锤冠称时，称为撕锤和炮锤。另一个是在具有少林炮锤功底的基础上发明了太极拳。如果从事物发展的历史关联性的角度辩证分析，那么八门撕拳、炮拳、少林炮拳、太极拳就存在一个根本的共同基础，这就是至今依然保留古朴风格的撕拳、炮拳内场功法太子上殿。

再来说说少林心意把。目前能够见到演练的少林心意把，大多是一个完整的拳套或趟子，但从走拳套来说，这与众多的拳套走法相同。假如用现代少林寺练习的心意把，去对照少林寺千佛殿内（毗卢殿）古代僧人练习心意把留下的48个脚印，无论如何都找不到有多少关联的地方。如果用太子上殿"小生子"法，去比照少林寺千佛殿内的48个脚印，可以说是百分之百吻合的，巧合度之高，完全让人惊讶万分。因此可以做出这样的推断，因为太子上殿是撕拳、炮拳非常重要的内场功法，而撕拳、炮拳又来自少林寺，所以，古人在少林寺千佛殿内练习的心意把，应该是与太子上殿"小生子"法类似的东西，或者说可能就是一个东西，这样的话，少林寺千佛殿内的48个脚印，实际上就是24个练功位置，脚印越深的，说明该位置是练功时间最长的，当然结合笔者练习太子上殿的体会，脚印越深的也有可能是体重最大、功力较深的大师位置。另外，八门撕拳、炮拳太子上殿练法，讲求面向北方练习，这在少林寺千佛殿之称的毗卢阁内来看，恰恰是在面向毗卢佛练习，这不能不说八门撕拳、炮拳的太子上殿依然保留着古代少林武僧的那份虔诚。

八门炮锤在劲程上讲求的是罗汉劲，一招一式追求的是铁打的罗汉，八门撕拳和太子上殿讲求撕扯劲，撕扯劲与罗汉劲差异很大，但若使罗汉劲不为僵劲，撕扯劲向罗汉劲过渡是最好的方法。在八门武艺里撕拳和炮拳为母子关系，十天干的撕拳是母拳，十二地支的炮拳是子拳，这个关系也恰恰表明撕扯劲向罗汉劲过渡的关系，突出了撕扯劲作为基础劲力训练的重要性。

最后留点疑问有待日后考证。八门炮锤追求罗汉劲，这与在少林寺千佛殿内，因罗汉壁画也称为罗汉堂或许有关，但该拳与少林罗汉拳是何种关系？南方罗汉拳据说出自洪拳，洪拳又与少林炮拳有多少关系？笔者见过70多岁的陕西老者打的小红拳，其中居然有不少的特点与八门炮拳类似，这小红拳与如上所述诸类拳法又有多少关系？笔者隐约有种直觉，天下武术出少林，莫非是指撕拳、炮拳？

八门拳技之轻功揭秘

　　轻功作为中国功夫的一种，历来具有神秘的色彩，这主要是因为轻功并不是突出技击的特性，更多的是趋向于隐匿、侦察、逃遁、奇袭的需求，属于功夫领域的偏门功夫。轻功传承上需要严格的选才和训练，因为选才的苛刻性，所以传承上能够练出上乘功夫的人数较少，且能真正长期维持功力不减的人更是少之又少，再加上习练者一旦动了歪念，很容易蜕变为江洋大盗，给师门带来横祸，甚至是灭顶之灾，所以历史上轻功也是轻易不外传的功夫。

　　受武侠小说、影视剧的影响，长期以来轻功又被人为地神化了。一些所谓内家大师，甚至将轻功诡异成了应用内气就可以凌空悬浮，然而他们除了宣称根本无法考证的那些已故轻功大师以外，现实生活中永远无法见到他们宣称的"凌空腾飞"的轻功，这种没有任何辅助措施、完全依靠自身身体腾飞，本质上属于伪科学，现实中也根本不会存在。对于文学作品描述中的"飞身上房""身轻如燕""飞檐走壁"等轻功记录，因为并没有详细描述其技巧的部分，所以文学作品中的描述，采用了夸张和比喻的文学修辞方式。实际上所谓"飞身上房""身轻如燕""飞檐走壁"等都有轻功技巧的因素，甚至一些难度更大的"飞檐走壁""凌空腾飞"等，必须是有辅助过程或借助辅助措施才能实现的。

其实任何事物的发展，都离不开其时代特征，这也就是所说的时代烙印。对于我们这代习武人来讲，最深刻的时代烙印除表演以外，应该就属于时代风气的演变了。比如社会因素对公众参与度的影响，20 世纪 70 年代是国家套路主导；80 年代是各显神通的武术狂热；90 年代是"神乎其神"的气功热；跨入新世纪，太极拳、健身舞风靡天下；21 世纪初又是广场舞大行其道，这些公众参与的社会因素，对武艺传承具有较大的影响。由于轻功自古以来密不外传和传承受众很少，再加上一些人从伪科学方面的宣扬，在有意与无意之中、知与无知之中，轻功往往会被讹传为失传了的范畴，此种说法在 21 世纪初期尤为盛行。

正是在所谓轻功失传的谬论下，2003 年左右，在当时中国武术届非常知名的网络论坛中华国术论坛里，开始有人讨论轻功的问题，随后受到 2002 年风靡一时的跑酷运动影响，一些人甚至简单地认为跑酷就是中国历史上的轻功。鉴于此种情况，在当时中华国术论坛上，笔者与西北八门拳派传人一起，透露了部分八门拳技尚存的传统轻功的训练方法和技巧，介绍的内容涉及了选才要点、步行训练、弹跳训练、奔跑训练、走壁训练、落地技巧、攀爬技巧、跳跃技巧、呼吸配合等方面的内容，其中保留了基本功力训练以及辅助工具训练的内容。在中华国术论坛的影响下，传统轻功从神秘的角落开始走向公众的视野。

八门拳派的轻功源自何时何人的传授已经难以考证，但作为古代屯兵的军事要地甘肃，接近现代特种兵的古代斥候的数量不在少数，斥候中存在轻功高手是顺理成章的事情。笔者的轻功训练之法，来源于 20 世纪 70 年代中后期兰州郑家庄的一个放羊老汉，以及兰州铁路公安王指导员，可能受那个时代背景的影响，一个深批"克己复礼"、大破"师道尊严"的时代，况且自己又是个懵懂少年，不懂得人情世故与俗套，只要有人指点，就稀里糊涂地傻学，所以连放羊老汉和王指导员的姓名都一无所知，也就是在这样坑娶的年龄阶段，或许也是前辈们一时兴起，偶然间传授了一些这个偏门功夫的训练方法。正是按照前辈传授方法坚持不懈地训练，使得笔者成年后受益匪浅，由此也就产生了整理记录此功法的想法，同时记录笔者训练的经验与感受，供拳家参考。另外借此声明，因更多细节难以用书面叙述，可以用文字叙述的也存在理解和感知偏差，况笔者习练肤浅，也未练出上乘轻功，所以照文训练者需要慎重，切勿一知半解、鲁莽行事、无事生非、招惹横祸。

一、起不过舞勺之年

舞勺之年是指男孩13—15岁，起不过舞勺之年是指轻功最初开始训练的年龄，高不宜超过15岁，低不宜小于13岁。年龄太大骨骼、体型定型了，无法练出上乘的功夫；年龄太小，轻功的训练又会有害于身体。因每个人的身体都有差异，但13—15岁的偏差不会太大，假如确实遇到千载难逢的好苗子，年龄可以偏小一点，如八九岁，此时要注意训练的内容和强度，主要以儿童的纵蹦跳跃训练为主，其他难以入静、力量型、呼吸吐纳等年龄不适宜的一些训练可到相应的年龄以后开展。

二、选才之重

轻功的首要条件是体重要小，这与汽车自重的道理相同，也符合牛顿第二定律，即物体加速度的大小跟作用力成正比，跟物体的质量成反比。

试想一个体态肥硕的人，如何能做到身手敏捷？如何能纵蹦跳跃？

人成年后的体重取决于两点，一是先天遗传因素，二是后天因素。轻功训练对后天因素是大有益处的，但对于先天因素却是无能为力的，因此，古人在长期观察与摸索的前提下，总结出一些行之有效的选才方法。

选才首先要看骨，适合轻功的少年，四肢骨骼以扁骨为主，且下肢股骨和上肢肱骨要略长，手骨细而短。其次看形，体型肩胯要窄，腰脖要细，颈肢要长，手小足弓。通过看骨看形的选才，可以避免所选少年成年后向膀大腰圆、五大三粗、腆胸叠肚的方向发展。

三、呼吸之法

轻功的呼吸之法主要是逆式呼吸，但并不刻意要求去专门练习逆式呼吸，这与一些桩功、气功的练法不同。轻功中所谓逆式呼吸是指吸气时收腹，呼气时自然放松的呼吸方式，无需桩功、气功等呼气时鼓腹的内容。轻功逆式呼吸是指在训练过程中的逆式呼吸，日常生活还是以自然为主，就是轻功逆式呼吸也是讲求收放自然、均匀圆润的，这种呼吸方式在轻功多种练习和训练中都会起到很关键的作用。另外，逆式呼吸对于肠胃功能也具有很好的调节作用，可以减少体内气体的产生，避免打嗝放屁对隐匿、奇袭的影响。

四、提根练习

提根练习主要是针对足弓以及脚下爆发力的练习，方法是原地站立，可以是两脚并齐的立正式，也可以是两脚不超过肩宽的自然式，调整好呼吸，抬双脚脚跟，然后再自然落下，频率不宜过快，每分钟10下左右即可，练习数量不宜过多，每次 7 或 9 下即可。该练法类似于八段锦的"背后七颠百病消"的练习，但由于突出轻功方面，因此又与之不同。

有一定训练基础后，每次双脚脚跟离地后，保持双脚前掌扣抓地面站立，持续一定时间，约 10 秒后再落下脚跟。此法同样不宜过多，7 下即可。

每次脚跟离地后，双脚前掌扣抓地面时，脚趾也需要扣抓地面，脚跟落地时，脚趾自然放松。

注意提根练习不适宜体重较大和体质缺钙的人，否则容易引起跟腱损伤。

五、踢根练习

踢根练习是以一只脚的脚面，踢另一条腿的小腿与脚腕的后部，初练以轻踢为主，就是练习一段时间后也不必用过大劲力，以轻松自然又有力感为主，两脚交替练习，每脚踢 9 次即可。

踢根练习前后分别辅助脚趾抓地练习，踢根前抓地 5 次，踢根后抓地3 次。

六、控筋练习

控筋练习的目的主要是增加筋骨的柔韧性和灵活度，同时增加四肢的力度，练习分上肢练习和下肢练习。此练习方法不宜过于疲乏，主要贵在长期的坚持。

上肢控筋练习类似单杠的基础训练，双手抓住单杠，身体保持自然垂吊，以此种姿势保持一定时间，中间可增加两三个引体向上和垂悬抬膝或垂悬抬腿练习。达到一定程度后，可以进行单臂练习。

下肢控筋练习类似体操的高台压腿训练，一只脚伸至高于腰部的平台或横杆上，两腿保持平直，身体直立，如此保持一段时间。随着练习的深入，可逐渐增高平台或横杆。此练习是渐进过程，需避免大腿根部筋络损伤。达到一定程度后，可以进行"朝天蹬"练习。

七、拍打练习

拍打练习除有利于锻炼五脏六腑外，主要有利于上身筋络的通畅，此也是古人所谓打通任督二脉的方法之一。

练习时身体直立，自然放松，双膝微曲，目平视，两脚距离基本与肩同宽，两手臂自然松弛垂于身体两侧。用右手拍打左侧肩胛以及脖颈下部，拍打时手臂柔软似鞭，手掌鱼际接触肩胛部位，手掌和手指自然甩打，注意拍打时不可用力过大，速度不宜过快，每分钟 30 下左右即可，也不可直接拍打脖颈，因此处主动静脉血管聚集，方法错误易引起心血管疾病。练习时一左一右交替，练习 2 分钟左右即可。

八、指力练习

指力练习重点是增强手腕、手指的力量，特别是手指第一、二关节的力量，此部位的力量是常人所不注重的，但在轻功攀爬时尤为重要。练习方法主要有空手抓拿法、攥棍法、抓砖法、抓沙法等。无需每种方式都练，古人常用空手抓拿法配合抓砖法的方式练习。

空手抓拿法：手指伸开在空中抓紧，伸时松，抓时紧，一松一紧，阴阳相合。也可以采用高马步站位，手向前伸出，抓紧拉回腰部，两手一左一右交替练习。

攥棍法：选择粗细可用手全握的木棍，长度大于三拳距离即可，也不可太长，通常会用短擀面杖。练习时两手握紧木棍移动、扭动、搓动，力点以手指关节为主，松紧张弛，自然练习。

抓砖法：选择厚度可用单手抓提的方砖，用手抓起，再放下，可采用马步位练习，砖的重量需根据功力大小递增。还可以进行抛砖法练习，即将方砖抛起，下落时再用手抓住，不使其落到地面，此法先是近距离地抛抓，有一定基础后再逐渐加大抛起的高度，但也不宜过高。抓砖法练习类似石锁练习，但又不同于石锁，因练习以抓拿为主，并不像石锁追求较大的重量，要求腰臂腿胯的力量。

抓沙法：手指伸时松，抓时紧，一松一紧地握紧沙砾，主要以左右手交替练习为主，双手同时抓沙练习为辅助练习。

九、眼力练习

眼力练习主要有转眼珠练习、闭眼后视练习、静态盯点练习、动态盯点练习等。每次选一两种方式，训练时间在 5 分钟左右即可。

转眼珠练习：此练习法是直立体位的睁眼练习法，头不可摆动，不可用睡卧方式练习。练习时双眼眼珠同时顺时针转动和逆时针转动的练习，一般顺时针转动 5 次，之后逆时针转动 5 次，结束时左右调整 2 次。

闭眼后视练习：此练习法可以是直体站立位，也可以是仰卧体位，双眼闭目，先调整好眼睛前视感觉，之后双眼向眼睛后部眼底感知，是闭目向后看的感觉。此法每次训练 1 分钟即可。

静态盯点练习：选定十米以外的定点目标，以能看清的最小目标为宜，用双眼凝视 1 分钟左右，之后调整眼睛的疲乏度。该练习可以是白天，也可以是夜间，白天在室外选定目标以树叶、草叶为最佳，夜间可在远处插一支点燃的香，双眼凝视香的燃点，夜间练习时不可选择灯光等刺眼的光点作为训练目标。

动态盯点练习：此练习法以白天为主，身体采用自然放松的站立位，分别在左右的 10 米外各选一个目标点，在身体和头部自然地左右扭动中，双眼迅速地寻找并固定到所选定的定位点上。此练习方法是眼力训练的重要方法，一般时间选择在 5 分钟以上。初练时选风平浪静的环境，训练达到一定程度后，可在有风的环境下训练，即使在风的影响下，也要能够迅速找到并凝视选定的树叶、草叶。对于动态练习，八门拳艺最高级别的练习是在八门步势中练习，而所谓八门步势实际与八段锦没有多大出入。

十、听力练习

听力练习可在白天或夜晚进行练习，主要是选择寂静的环境，努力用耳朵辨听细微声音的来源方向、距离远近、声音类型等。此练习没有严格的时间要求，可凭兴趣和乐趣自主决定，适当时也可增加在闹市区对各种声音的辨听练习，特别是在喧闹中辨听一些细微的声音，但闹市区练习仅可偶尔尝试，不可成为常态的练习方式。

十一、行步练习

轻功行步的步法讲求轻，形象的比喻就是轻如鸿毛，做到无声。步法要点是身体重心略偏后，落脚时以前脚掌外侧先着地，随后全脚掌再着地，也有以前脚掌内侧先着地，随后全脚掌再着地的，具体使用根据路面状况选择，一般平地用前脚掌外侧，碎石地面用前脚掌内侧；上坡用前脚掌外侧，下坡用前脚掌内侧。此步法可先在平地上练习，再逐渐推广至台阶、山地、碎石等地面进行练习。初练以白天为主，逐渐选择在黑夜练习，及至完全漆黑的朔夜，核心是控制行步中脚下的声音，尽量做到脚下无声。练习难度也是先从行步练习，再到跑步练习，辅助逆式呼吸之法屏气顶气的调整，因为到了跑步练习阶段，呼吸也要做到静无声，否则即使脚下无声，呼吸弄出很大动静，这也是轻功的大忌。

呼吸配合练习也是由易到难，不可冒进，否则极易伤及五脏六腑，比如快跑之后的无声步行调整，负重前行后的无声步行调整等，这些都需要有一定基础后才可以练习。

十二、跳跃练习

跳跃练习主要有原地跳练习、高抬腿跳跃练习、左右跳跃练习、高处跳跃练习，这四种跳跃练习是最基本、最重要的跳跃练习，在其之上再加其他的跳跃练习方式并没有过大的意义。跳跃练习要求场地整洁，不能有尘土，否则练习时尘土飞扬，对身体有害。跳跃练习应在空腹或饭后 1 小时进行。除高处跳跃练习以外，其他三种练习练到一定程度后，可以在练习中增加绑腿沙袋、沙背心，进行负重条件下的练习，但应在身体发育的喉结变化时开始，年龄大约在 16 岁以后，绑腿沙袋重量每个不超过 1 千克，沙背心重量 5 千克左右即可。

原地跳练习：身体采用直立自然放松的体位，双脚距离可以是并齐，也可以是一脚左右距离，具体依据个人的习惯掌握。利用双脚前脚掌，连续原地跳跃，脚跟几乎不着地，频率要快，初练不宜跳过高，练一定时间后，也以轻松跳跃的高度为主。练习 30 ~ 50 次均可，根据个人体重和能力选择，不可造成疲劳损伤。

高抬腿跳跃练习：与原地跳训练类似，只是跳起时双腿大腿尽量高抬，至少也要与地面平行。高抬腿跳跃练习的跳跃频率有快慢之分，快频率方式与原地跳练习频率相同，此时脚跟几乎不着地。慢频率训练重点要掌握下落的层次，先是前脚掌着地，紧接着脚掌中部，再到脚跟着地，在脚跟即将着地的同时，有弯腰下蹲的辅助过程，此过程实际是身体重量依次通过腹部、腰部、大腿部、膝部、脚腕部，最后到达足部的逐次分解的过程，表现上是轻盈地落地，不是沉重笨拙地落地，因此慢频率高抬腿跳跃落地时，还要尽量控制落地声音的大小，声音越小越好。优秀的落地方式，还要有落地后腰腿部略微向上回弹的调整，这样从一个完整的过程来看，人体就似乎是一个弹簧，空中相当于松弛的簧，落地瞬间相当于受力的簧，落地后相当于一个反弹的簧，只是所谓反弹是腹部、腰部、大腿部、膝部、脚腕部的自然弹性回调，切勿理解为非自然的行为。

慢频率高抬腿跳跃练习是高处跳跃练习的基础，在没有掌握慢频率高抬腿跳跃技巧的情况下，不可进行高处跳跃练习。

左右跳跃练习：左右跳跃练习是跳起后以及落地时，均以马步形态的左右跳跃练习，落地要领与慢频率高抬腿跳跃相同，都是逐次重量分解的落地方式，同样需要控制落地的声音，要轻盈落地。练习时可依据场地情况，先向右侧连续跳 1 ~ 5 次，再向左侧连续跳 1 ~ 5 次，然后回到原地，每一个来回可以起身慢步休息一会儿。向右侧跳跃时以右脚为起跳脚，向左侧跳时以左脚为起跳脚。左右跳跃练习是轻功重要的训练内容，至少每次练习应有 3 ~ 5 个来回的练习量，且每周至少练习 3 次，在身体长成以前，停止练习的间隔时间不宜超过 1 个月。

高处跳跃练习：高处跳跃练习需要在高抬腿跳跃练习和左右跳跃练习有了一定基础以后，才能开始练习，没有掌握好高抬腿跳跃和左右跳跃的要领，不能进行高处跳跃练习。高处跳跃练习的高度也是由低到高逐渐增加，初练时选择1米左右的高度即可，随着功力的增长，以后逐渐增加到2米、3米、4米等，但高度的增加不是无限的，否则迟早要出问题，实际超过6米就要采用工具辅助卜落的方法。

高处跳跃练习在跳落时，空中采用近似高马步身位的姿态，膝、胯、腰、腹、胸、颈，这些环节都要松，比较上乘的过程是在下落的空中，膝、胯、腰、腹、胸逐节适度展开，即将落地时又逐节收缩。高处跳跃练习落地技巧和慢频率高抬腿跳跃以及左右跳跃相同。这里再次重点强调，身体重量逐次分解的下落方式，是轻功落地的最根本方式。训练中落地方式一般不采取辅助措施，但在实际应用中，会根据具体情况采取辅助措施。

辅助措施主要有双手辅助落地法、身高减差落地法、落地滚翻辅助法和工具辅助落地法。

双手辅助落地法是在落地瞬间用双手撑地缓解重量的落地方法。

身高减差落地法是在跳落高度上减一个身高的落地方法，具体技巧是用手扒住跳落高度的外檐，身体先自然垂吊下来，然后松手跳下，这样脚与地面的高度，实际就降低了至少一个身长的高程。此方法可以与双手辅助落地法或落地滚翻辅助法配合使用，确保在较高高度跳落时自我保护有效。

落地滚翻辅助法是在落地瞬间身体向前翻滚的辅助法，其目的还是分解身体下落的重量惯性，起到保护身体的作用。

工具辅助落地法主要是依靠绳索飞虎爪从高处滑落，此种方法需要专门训练飞虎爪和绳索的使用条件和使用方法，无此训练基础不可以应用该方法。一般情况下，绳索飞虎爪使用后要能收回，此时主要是顺绳滑落技巧，特殊情况时，绳索飞虎爪可以抛弃，此时是顺绳滑落与跳落结合的落地方式。

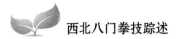

十三、快速跑练习

快速跑练习实际上就是现代体育的冲刺跑训练，即以百米冲刺的速度进行快跑。每次跑动距离为 30 ～ 50 米，一般训练 3 ～ 5 次即可。轻功快速跑练习初练时是在平地上跑动练习，有一定速度和腿部力量后，需要在台阶上进行上下跑练习，此种练习不可在没有基础的条件下贸然进行，否则极易产生损伤。在能轻松完成台阶上下快速跑的情况下，轻功快速跑练习需要在乱石滩上进行，此时可加强步幅调整、脚下失稳、随机应变的训练，严格说此时已经有在乱石上飞跃的感觉，且距离练习"水上漂"已经不远了。

所谓"水上漂"，是借助水面的漂浮物进行快速跑动跨越水面的技巧，当水面较宽无法直接跨越时，需要因地制宜，借助露出水面的岩石或漂浮物，借助轻功快速跑的功力跑过水面。对于露出水面长满青苔的物体，着力点必须精准，在脚下没有滑动以前，迅速借力而过，形容起来就如"蜻蜓点水"一般。

轻功快速跑的基础也决定着"飞檐走壁"的能力，所以轻功快速跑练习也是轻功里非常重要的基本练习，其他功夫并不注重此点。

十四、走壁练习

走壁练习需要挑选坚固的直立墙体进行，不宜选择土墙。练习时距离墙体 3 步以上的距离，初练时距离可以远一些。练习时以快速跑的冲刺速度面向墙体跑动，跑到跟前时抬脚以前脚掌蹬墙，身体借助蹬墙的作用力向上跃起，然后以高处跳跃的落地方式落下，跑动和蹬墙的过程中不能减速，要一气连贯完成。初练时以一次蹬墙进行练习，逐渐进行两脚交替的蹬墙练习，至于是左脚先蹬墙，还是右脚先蹬墙，可以依据个人习惯进行，也可以依据快速倒换脚步用自己习惯的脚先蹬墙，一般大部分人的习惯是先右脚蹬墙。对于武艺高强的轻功高手可实现在直立墙面蹬行 3 步以上，甚至于手脚并用，犹如玩猴，且做到上墙与下落的声音最小。

走壁练习到一定程度后，开始爬墙的练习，走壁在前脚掌蹬墙促使身体向上跃起时，双手扒住墙顶的外檐，借助上肢控筋训练中引体向上的技巧，用手臂拉动身体，并借助身体上冲的惯性，直至翻腕上墙。一般双手扒墙的高度没有单手扒墙的高度高，所以某些场合需要先单手扒墙，抓住一个支点，再双手扒墙，最后翻腕上墙。

单手扒墙时，走壁可以是在墙壁上垂直蹬行，也可以是成一定角度的斜蹬行，当环境属于狭窄的巷道、弄堂、过道时，依靠两侧墙壁进行斜蹬行上墙。

十五、连续跳跃训练

连续跳跃训练是在高处跳跃练习基础上开展的，只有掌握了跳跃练习基础，才能开始专项训练。练习和专项训练是不同的，练习几乎是每日要做的必选科目，需要长期不懈地坚持，而专项训练则不要求每日必修，属于在练习科目基础上，插入的专项训练。

连续跳跃训练可分为台阶连续跳跃、建筑物连续跳跃、自然环境连续跳跃。

台阶连续跳跃是选择台阶进行的连续跳跃，可在台阶上训练，也可根据台阶情况越过台阶护栏的连续跳跃。

建筑物连续跳跃主要是在房屋、围墙等高低不平的建筑物环境下的连续跳跃，比如高房屋到低房屋再到地面的连续跳跃，高房屋到低墙头再到地面的连续跳跃，等等。

自然环境连续跳跃主要是在山区、峡谷等地貌中的连续跳跃，其借助地形中成阶梯状的地貌，连续进行跳跃，此法甚至可以借用较小的滑坡、塌方、落石等隐患点，在隐患发生前借力跳跃。

十六、飞檐训练

飞檐训练实际上是走壁上墙训练结合翻身上房的训练，这个在现代条件下已经很少具备自然条件。以古代飞檐斗拱建筑为例，利用房屋飞檐下的柱子进行走壁，之后身体跃起，双手抱住建筑的飞檐较细部位，然后腰腿向上翻转，骑爬在屋檐之上，从而实现"飞身上房"的目的。对于较高的飞檐，需要借助绳索飞虎爪，采用爬绳索的技巧，爬上屋檐。其实这种周边没有任何借助物，必须依靠绳索飞虎爪爬上屋顶的建筑，通常上屋顶并没有多少意义，反而容易陷入绝境。在现代条件下，与飞檐训练最接近的是单杠运动的翻身上杠、单杠飞抓上杠以及高低杠的低杠飞身高杠的动作，此种训练可在单杠和高低杠上进行，训练时杠下需要铺设防护缓冲垫，加强保护措施。

十七、爬杆训练

爬杆训练可分为单杆训练法和双杆训练法。单杆训练常用的是猴爬法、熊爬法、辅助法。三种攀爬主要区别是在腿和脚的用法上，实际就动物来说，猴爬和熊爬有时也难以区分，这主要与杆的直径大小有关，轻功上只是便于区分，采取了这样的分类方式。双杆训练常用大字式攀爬法和俯卧式攀爬法。

猴爬法：采用双脚蹬踩爬杆的攀爬法。依靠上肢拉力和脚下蹬踩的反向支撑力，身体形成一个弓形的力平衡，倒手换脚地攀爬。

熊爬法：采用双脚或双腿夹住爬杆的攀爬法。上肢抱紧爬杆，下肢夹紧爬杆，下撑上挪地攀爬。此法在用于较大的方形柱体时，则完全需要依靠上、下肢体的夹紧力以及上下配合进行攀爬。

辅助法：依靠腰带、飞爪、钩刀、手斧等辅助工具攀爬的方法。腰带方式是将腰带围出折叠长度约是爬杆直径加两脚宽度的环套，打紧扣，双脚撑起环套向爬杆两侧蹬踩，此时环套会勒紧爬杆，借助环套的勒紧力，倒手倒脚进行攀爬，对于腰带，可以是麻绳，也可以是皮带。飞爪方式需要特制专用的飞爪，此飞爪结构与飞虎爪不同。飞虎爪是均布的三钩或四钩，可有中心的矛尖，也可以只是四周的利钩，一般单独使用，常与较长的绳索捆绑使用，尾部无特殊要求。飞爪是必须有处于中心且长度约3寸的矛尖，四周均布三尖或四尖且长度为1～2寸和截面略微成扁鼓形的利刃，尾部对应各利刃方向各有一个直径小于利刃长度的固定环，借助利刃的镶入及其后部的固定环形成一个支撑结构来实现攀爬。飞爪一般是成对使用，尾部配绳较短，一般在1米左右。飞爪不仅可以攀爬树木，对于古代建筑利用砖缝也具有很好的攀爬作用。钩刀、手斧等攀爬工具多用于大直径、大平面的木结构攀爬，其原理非常简单，就是依靠砍击力量，使刃部镶入木质，借助此力量左右倒换进行攀爬，因此钩刀、手斧都是成对使用的。需要注意的是镶入的深度，太深倒换困难不行，太浅撑不住力量也不行。钩刀、手斧砍入时声音较大，并不是需要隐匿的常用工具，但在快速突袭时效果很好。

大字式攀爬法：形象地说就是身体像个大字，左侧手脚和右侧手脚分别抓蹬两侧不同的树木，依靠两脚在两侧的蹬力，换手换脚的攀爬方式。此种方式不限于树木，对于适合身体尺寸的巷道、沟壑、陷阱同样适用。

俯卧式攀爬法：俯卧式就是人体正面向下的姿势，或脸向下的平躺方式。两脚蹬一侧的物体，双手撑另一侧的物体，手脚倒换的攀爬方式，此法亦有"铁板桥"的称谓。俯卧式攀爬法的物体距离要比大字式攀爬法的距离大，有时物体距离较大，无法采用大字式攀爬，但可以采用俯卧式进行攀爬。此种方式同样适用于巷道、沟壑、陷阱的攀爬。

十八、爬绳训练

爬绳现在已被列为中国《国家体育锻炼标准》的项目，爬绳方法分为蠕动法、拉升法、缠绕法以及三种方法结合的复合法。

蠕动法：手足并用，双手握绳直臂悬垂，然后收腹屈腿夹绳，两腿蹬直，同时屈臂引体上升的攀爬法。

拉升法：只用上肢，即双手握绳，两腿悬空，双臂用力向上引体，借助惯性，双手及时交替向上换握，使身体不断上升的攀爬法。

缠绕法：双手在绳子上部拉紧绳索，手以下的绳索自然垂吊，此时依靠绳索在两脚间或两腿间的缠绕，使下肢可以蹬踩绳索且不致松扣，这样缠绕部到手部之间的绳索就会吃紧拉力，如此腾出手来向上攀爬，缠绕扣属于活扣，可跟随下肢向上移动。此法在古代打井时经常使用，打井人依靠此法从井底爬到井外。

十九、轻功兵器

轻功使用的兵器都是具有多种用途的，既可以当作攻击与防卫的兵器，又可以成为轻功技法的辅助工具，并且还要轻便耐用、携带方便。传统轻功常用的兵器有腰带、飞爪、飞虎爪、柳叶刀、腰带剑、绳镖、流星锤、九节鞭、飞镖、飞刀、金钱镖、飞石、弹弓等。

古代轻功腰带较长，至少要达到腰围的三倍，长度七尺，使用棉麻材料制作，中间缝有麻钱或者金钱镖，急用时麻钱或金钱镖可以用手扯下。

飞爪、飞虎爪都绑有麻绳进行使用，飞爪、飞虎爪在尖刃下方四周均布有铁钩，在爬杆训练辅助法里已经有详细说明。

图1　飞虎爪（晚清）　　　图2　飞爪（晚清）

柳叶刀是柳叶形的单刀或短刀，刀长比较短，刀前部比较薄，适合于古时挑动门闩或插入缝隙之用，常背于携带者身后。柳叶刀增加后飘缨可以抛掷使用。

图3　柳叶刀（民国）

腰带剑由弹性好的锰钢打造，现代来讲属于弹簧钢的范围，由于常围于携带者腰间，故称为腰带剑。

绳镖、流星锤、九节鞭均属于可围于腰间携带的软兵器。绳镖、流星锤可以绑扎绳子或铁链，也可以单独作为投掷兵器进行使用。

图 4　古代绳镖

金钱镖形似古代的麻钱，直径多为 30 ~ 50 mm，厚度 2 ~ 3 mm，由黄铜或锰铁打造，一般不用青铜材质。金钱镖可以藏于腰带上，也可以藏于袖口里，金钱镖藏入袖口时，可利用金钱镖插入砖缝进行攀爬。金钱镖周边并不是利刃，而是刃口 1 mm 左右的钝刃，也有的周边开深度为 1 mm 左右的齿边。

图 5　金钱镖（清代）

飞石多为圆形或椭圆形，分有孔和无孔。无孔飞石直径较小，约与核桃相当，主要是投掷使用。有孔飞石直径较大，中心有孔，便于穿绳索，其作用与绳镖、流星锤类似，有时可替代飞爪、飞虎爪使用，有孔飞石也可以进行投掷。

弹弓小巧玲珑，携带方便，用途广泛，它可以投石探路，可以声东击西，可以阻退追踪，可以击犬灭灯，因此，弹弓是晚清及民国时期轻功习练者最为喜好的兵器之一。

二十、补述

练习与训练在本文中代表的含义不同。练习是连续不断长期坚持的锻炼内容，也是功力和身体潜能逐渐增长的过程。训练是在练习的基础上，间断性、周期性开展的专项锻炼内容，所以训练必须是在练习的基础上才能进行的。

轻功的一些练习并不是仅限于轻功，其也可以说是中华功夫的一些基本练习，比如提根、踢根、困筋、拍打、眼力、听力的练习。因为做到脚下灵活稳重、前后左右上下的筋络畅通、眼力犀利敏捷、听力敏锐灵敏、反应灵动迅捷，这些是中华功夫的共同追求。

轻功选才看骨之法是对于轻功来说的，如果是相反要求的，则看骨之法的要点也是相反的，比如炮拳的罗汉劲功法的培养对象，要求刚、猛、硬、冲的力道，瘦小的轻功练习者肯定出不来这样的功力。

八门拳技中还有前、后、左、右、上五个目标点的动态眼力练习方法，此法隐藏在八门步势功法之中，其中包括提根练习也是隐藏在八门步势功法中的，当然也包括劲的练习方法，因轻功在发劲方面并不是主要的，所以文中没有去谈劲的练习。至于八门步势功法具体是什么？这就是不说不知道，玄妙捅就破，也可以说是"真传一句话，假传万卷书"，所谓八门步势功法，实际与八段锦是相同的，这就是前人故弄玄虚的巧妙之处。

轻功主要是基本练习对人体潜能的挖掘，但这个潜能是有限度的，超过限度就要有辅助措施，因此轻功除了功法外，还要有一定的技巧，比如凌空腾飞、从天而降等，这些都是利用绳索的技巧，古人借夜幕、浓雾、烟雾的掩护，利用绳索飞虎爪达到凌空腾飞、从天而降的效果，实际上是在故弄玄虚。至于踩鸡蛋、站气球、上刀山等，原则上这些纯属技巧，与有没有轻功没有太大关系。

儿童及少年时期是体质增长较快的时期，轻功的练习与训练需要消耗大量的营养物质，需要注意饮食的改善和补充，特别是钙、铁、锌等的补充，因此需要用排骨、棒骨、动物内脏等调剂饮食结构，补充营养。这里需要抛弃古代愚昧、不科学的传授，特别是缺钙引起的佝偻，那不是功力增长的结果，而是属于人体的病态。

轻功练习者还需要掌握自然环境的经验知识。比如飞檐走壁时，对屋檐、墙体性质要有所了解，不要发生与砖瓦共同坠落的事故；比如对常见树木的枝干在四季中的坚实程度要有所了解，因节气不同，树枝的坚实柔韧程度不同；比如要对不同土壤的性质有所了解，什么土见水打滑，什么土见水粘脚等；比如要对沟溪、河流周边的石头、架木表面有所了解，什么样的青苔可踩，什么样的不可踩，踩应如何踩，等等。另外，对于一些毒蛇、蜈蚣、马蜂等毒虫的栖息环境也要有所了解，行动中要避开这些毒物。

轻功还有缩骨功的练习，笔者没有过多经历这方面的练习，所以就不需要展开讲述了，这里仅仅提醒轻功爱好者，轻功里还涵盖缩骨功的技法与技巧，基本的方法是利用肌肉松紧、关节伸缩、呼吸胀缩来实现。

轻功与跑酷有很大的不同，可以说跑酷除了表演性的内容以外，其他基本都在轻功的范畴内，而轻功却比跑酷具有更大更广的范围与文化内涵，这是跑酷无法比及的，也是中华功夫博大精深之所在。

八门拳技的弓马骑射

八门拳技以武艺而惯称，很多八门拳技并不适合现代武术的表演，在外行看起来，没有舒展潇洒的摆拍姿势，没有翻腾跳跃的加分动作，甚至其不紧不慢缺乏一气呵成的干净凌厉，但是就是这样的武艺，却处处包含着弓马骑射的武艺传统，执着地坚守着古代技击的根本内容。

现在史学界对弓马骑射有一个误区，似乎弓马骑射是游牧民族的特长，最为经典的例子是战国时期，赵国的赵武灵王进行军事改革，提倡"胡服骑射"，促使赵国从一个弹丸小国，发展成为可与秦国的"虎狼之师"抗争到最后的强大国家。还有史学家依据匈奴单于的"习靶骑射"、《元史·兵志》记载的"元起朔方，俗善骑射，因以弓马之利取天下"，以及乾隆皇帝自称的"弓马骑射乃建州之本，满人以骑射得天下"等这些史实，说明弓马骑射是游牧民族专有的特长。其实这些观点都是片面的，因为古代战车和重装骑兵向轻骑兵演变的过程，是历史发展的客观现实，作为农耕社会，普通人很少接触弓马骑射，但全民皆兵的游牧民族，弓马骑射普及率就会很高，然而这不能说明弓马骑射是游牧民族的专有技击之术。历史上除了石勒、成吉思汗、努尔哈赤等游牧民族将领擅长弓马骑射以外，霍去病、曹仁、吕布、杨坚、李世民、岳飞、常遇春等代表农耕文化的将领也同样擅长弓马骑射。

八门拳技主要流传于我国西北地区，在风气风俗方面肯定有游牧民族风格的影响，但是八门拳技最初的技艺又是从中原地区传过来的，因此，八门拳技的弓马骑射，就不仅仅是游牧民族弓马骑射的内容，其具有更丰富的内涵。

武艺在古代的发展，具有代表意义的是古代武举制度。我国历史上的武举制度创始于唐代，兴盛于明清两代，而尤以清代更胜。长安二年（702年），武则天开创武举，考试科目有马射、步射、平射、马枪、负重、摔跤等，其中重点是举重、射箭和马上枪法。宋朝时期沿袭唐制，并首创武状元的封授。元朝因压制汉族习武，习武成为蒙古族统治者专有的权利，民间百姓多将武艺之法隐藏于棍棒之中传承。明朝武举制度内容不太固定，弘治六年（1493年），确定武科六年一试，"先策略，后弓马，策不中者不准试弓马"。后又改为三年一试，考试内容主要是马步弓箭和策试。清代对武举考试重视程度大大超过明代。加上国家大力提倡，制度日益严密，录取相对公正，因此，民间习武者对武举考试趋之若鹜。

清朝时，武举考试先试马步射，马射二回六矢，中三为合；步射九矢，中五为合。之后比力气，包括拉硬弓、舞刀、举石。弓分八、十、十二力；刀分八十、一百、一百二十斤；石分二百、二百五十、三百斤，以上合格者才能考笔试。我国武举考试最后一次是清光绪二十四年的武举会试，此后光绪二十七年（1901），武举制度被宣布废止。

实际上弓马骑射是贯穿整个中国古代冷兵器时代的基本技艺，不论秦汉以前的战车驾驭和厮杀术，还是持续到近现代的"胡服骑射"的轻骑兵厮杀术，弓马骑射都是基本训练内容。特别是古代战车的驾驭和厮杀，在由多匹马拉动飞跑的战车里，如何稳固自己与敌人厮杀？如何在上下颠簸的马车上使用矛、戈发力？这些在今天的人看起来容易忽视的问题，恰恰是古代士兵需要掌握的重要技艺。比如八门拳技的马步桩，其与现代武术的马步桩截然不同，八门拳技的马步桩要求前脚抠、后脚蹬的脚下盘力，身形是后坐前塌的折叠式重心控制，一呼一吸中彰显一松一紧的力道。当在颠簸的马车上时，四平大马变换为高桩虚马，膝关节略微弯曲，且膝以上关节讲求松弛，这就促使身体在伴随车辆颠簸的同时，保持调整姿态，进而实现身形的稳定。八门拳技马步桩的这个特点，就不是弓马骑射的轻骑兵所具有的，而恰恰是古代车战士兵所必需的。

八门拳技具有明显的弓马骑射的特征，这在众多的单式中体现得更为明显。比如朝阳式、旗鼓式、搬拦式、汤平式、老汉取柴式、开弓搭箭式等，这些招式关键要突出"三尖对照"与"三点一线"的要求，甚至开弓搭箭式更是被赋予"霸王上弓"的美誉。"三尖对照"通常要求鼻尖、手尖、脚尖或者鼻尖、肘尖、脚尖要相互对照，并成为三点一线的构架，这个构架下盘要求稳健、扎实，上盘要求圆润、含蓄。

八门拳技的撕拳，其力道讲求撕扯劲，这与炮拳的刚猛劲截然不同，而撕扯劲实际就是拉弓搭箭的力道。对于撕拳和炮拳，有"天干撕拳为母，地支炮拳为子"的传承说法，实际上，这不仅仅是撕拳以十趟子暗合十天干，炮拳以十二趟子暗合十二地支的表象说法，更深层的含义是撕拳恰恰是弓马骑射技艺的根本，体现着武艺的本目，所以视为母拳，而炮拳化撕扯劲为冲顶劲，视同大炮上膛，发劲气势恢宏，所以视为子拳。

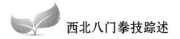

八门拳技传练禁忌歌诀

八门拳技传承训练有明确的禁忌要求，其目的主要是防止训练过程中出现偏差，以及避免不合理、不合法的方法，在日积月累的过程中，对人体产生无法逆转的伤害。

八门拳技传承训练的总纲领是"自然为本"，讲求"人法地，地法天，天法道，道法自然"。在"自然为本"这个总纲领下，一切不合乎规矩、不合乎法理、不合乎自然的训练方法，都属于八门拳技传练的禁忌范围。

八门拳技先辈在长期训练摸索的过程中，总结出很多意义深远的禁忌歌诀，现提炼和整理10句精练歌诀如下：

怪涣撅窝，僵死笨拙。

萎靡懒散，矫揉造作。

愁眉苦脸，瞑目切齿。

提肛憋气，残喘气咽。

口歪脸斜，龇牙咧嘴。

迟钝混乱，疯狂痴癫。

腆胸叠肚，翘臀耸肩。

吐天踏地，死磕硬拌。

欺宗灭祖，胡编乱篡。

咒天骂地，天怒人怨。

"怪涣撅窝，僵死笨拙。"此句在功法中多指趋、式、桩、劲中的不合法理状态，尤以桩和劲的训练为大忌，且一字一意。

"萎靡懒散，矫揉造作。"此句包含功法中趋、式、桩、劲、气的全部范围，尤以桩、劲、气的训练为大忌，也是一字一意。

以上两句内容包括外场训练手、眼、身、形、步要求的禁忌，对于内场习练身、力、意、气、法同样适用。对于八门五行可查阅《八门宗略》之五行的阐述。

"愁眉苦脸，瞋目切齿"和"提肛憋气，残喘气咽"。此两句适用于八门五行的所有内容，尤以意、气视为大忌。这与其他门派武艺、功法、气功等要求的"提肛""叩齿""闭目""微闭双目"等截然不同。

"吐天踏地"的"踏"字，兰州方言是跺脚的意思，八门拳技禁忌仰头吐气和跺脚、振脚的练法，并视为大忌。

"死磕硬拌"的"拌"字，兰州方言是摔、砸的意思，八门拳技在劲力上讲求发出后要收刹，意思就是力要能收住，而不是对力的放纵。一些八门门宦将此点重点强调在棍法上，实际上，不仅在棍法上，徒手武艺同样如此。

"胡编乱篡"是指不明法理地篡改，老艺人极为痛恨此种行为，常以"糟蹋武艺"来痛斥。八门拳技明确"头、肩、肘、胯、手、背、膝、足八个门户"为武艺技击根本，任何武艺皆使用和防备此八个门户。八门武道以"混元""两仪""三盘""四象""五行""六爻""七政""八门"变化为根本，讲求"一手生三手，三手无常"，这已经包罗万象，本已不存在什么编纂，反而需要习练者潜心研习，融会贯通，最终形成自己擅长的风格。这里举一个例子说明。比如裹肱手，"上蓬带肩肘；中蓬撕劈划；下蓬撒跤颠翻呐（呐，兰州方言指他）"，这里裹肱手的变化，仅在三蓬上就有了巧妙而且合理合法的变化，还有什么可去编纂的呢？在"四象"风格上，打成快速的斩劲，裹肱手就是裹肱斩；打成翻杆劲，裹肱手就是探马铁杆翻，变成了翻锤；打成八极劲和截劲，就是八极拳和截拳道的"闯步顶肘"；打成粘黏后的突发劲道，就是八卦八形掌的虎抱头技法；当然打成劈挂劲，裹肱手就是单劈手，就是通备劈挂最基本的功法；等等，不一一列举，这些劲力与风格的变化，还有什么需要编纂的？

上面的例子也可说明一点，在西北八门拳技的传承里，武艺没有好坏、门派之分，只有传承人的好坏、深浅之分，这就是八门拳技所说的"道明无教门，理明无门宦（门宦，兰州方言指门派）"的含义，也是"天下武林是一家"所指含义的根本。因为人类所有技击行为，都涵盖在头、肩、肘、胯、手、背、膝、足八个门户之中。

八门拳技不反对趟子的编排变化，过去一些前辈艺人，重点潜心练习散招，沉醉于桩、劲、气的训练，对于趟子的编排则以突出招法内容与风格为主，顺序反而往往是不固定的，这就产生了趟子上的差别。至于拳诀，更多的作用是帮助人们在习练散招的过程中，便于串出趟子，以免丢三落四地缺失了自己不擅长的内容，但不论如何编排趟子，其基本风格和招式不应有变。

对于"咒天骂地，天怒人怨"，更多的是体现在武德方面，《八门宗略·武德篇》以及《八门武艺传承警言》中都有详细描述。

西北八门武艺介绍 ①

一、引言

世人都认为八门拳由燕山常巴巴爷传授，并由此形成西域"八门拳派"。最早公开发表的文字记述是 20 世纪 80 年代，甘肃省武协主席郝心莲教授在武术挖掘整理时，《西域拳介》中的简短阐述。随后马明达先生也在其《燕山常巴巴轶事辑述》中专门予以阐述。从此这种说法成为兰州乃至西域诸家引用的典范。然而，以上论述实际是存在一些问题的。首先，这些公开的论述与民间一些传说还是存在出入的，或者说这种论述是八门拳派中一些门派的传授，而还有很多门派并非此种意见，况且辑述考证上述说法的一些人又非八门拳派内传人。其次，作为包罗很多武艺的八门拳派，徒手加器械套路达 100 多种武艺，在西域有 200 年以上悠久历史的武艺传承就有近百种，这些仅仅由常巴巴爷一人创建也不合乎常理。再有，河州魏家

---

① 摘自韩光明、尹兆禄、李福安讲述内容。2005 年整理发表于"中华国术论坛"。

棍鼻祖王富海（或称王福海，俗称"王大脚"）是乾隆年间所生，在咸、同年间已年近古稀，而马孝个在民国十六、十七年是年富力强之人，二者在年龄上差距很大，所以绝对不会存在《燕山常巴巴轶事辑述》考证的那样，什么常燕山先教马孝个，而后教王富海的说法。

二、八门武艺门宦说和师传简述

八门武艺的起势与现今武林行的抱手礼相同，实际这种礼在全国很多武艺门派中都存在，然而很多人不知道他的含义。一手为拳，一手为掌，拳心外翻，拳面与另一掌心相和，实际这里拳代表"日"，掌代表"月"，日月合一代表"明"字。

除上述说法外，八门武艺汇聚了天下众多门派的技艺，可谓"五花八门"，是一部"武艺大法，后人能读懂学精就已经非常不容易"。

"诸葛亮的八门阵法是方位的总拿，拳要出窝，全依靠此说法。"

"攻防除依赖方位外，重点就在于头、肩、肘、胯、手、背、膝、足八个门户。"

"八门武艺是老前辈们总结的圣贤武艺，不是一个人能完成的。"

"武艺是东面传过来的，历史上一些少林僧人云游或避难来到甘肃。清朝时有一位铁臂刘爷是少林高僧，铁臂刘爷把武艺传授给了宁夏将军之子，宁夏将军之子传授给兰州筏子客杨共奇，杨爷的徒弟有董大大、马四爷、丁阿訇、河州魏满拉等等。"

"实际所有武艺最后是相通的，理明无门宦，道明无教门。"

三、八门武艺杂说

（一）董福祥及清末甘军

乾隆四十年，白莲教分支三阳教首领刘松被充军到甘肃隆德（今宁夏隆德），后该教派分立产生很多分支教派，从事反清复明的斗争。当时，董世猷是白莲教、哥老会的一个小头目，而其子董福祥就是后来平定阿古柏之乱收复新疆、护卫京津、力挫八国联军的甘军首领。

嘉庆年间，隆德白莲教、哥老会起义，推举董福祥为团总，后因父亲董世猷和哥哥董福禄投降湘军刘松山部，董福祥率张俊、李双良各部约十万人向清军投降。经左宗棠批准，刘松山择董部精壮者，按湘军编制改编为三个营，授董、张、李三人均为五品军功，董福祥领中营，张俊领左营，李双良领右营，号称"董字三营"。在随后的征战中，董福祥官至太子少保、新疆提督、甘肃提督、随扈大臣，赐号阿尔杭阿巴图鲁。

光绪二十四年，清廷调董福祥甘军移防京都近畿。戊戌变法失败后，慈禧复出"训政"，由荣禄领导组建武卫新军，武卫新军共编五军：甘军列为武卫后军，董福祥任统领，驻蓟州，兼顾通州，拱卫京师。光绪二十六年，慈禧命董福祥为随扈大臣，节制全部满、汉马步武卫军，护驾西行。

清廷与八国联军议和后，董福祥被联军控为"首凶"，坚欲诛杀，并要求解散甘军。李鸿章以其久居西北，恐激起事变为由搪塞，八国联军不允。光绪二十七年二月，清廷决定对董福祥"革职永不继用"。光绪二十八年，董福祥造府邸，定居金积堡。光绪三十四年正月初九，董福祥病逝于金积堡府邸，葬于固原南乡十里墩。董福祥临终遗嘱上缴清廷白银40万两、

洋枪 1600 支，以支持清廷抗击帝国主义。

董福祥被革职的同时，甘军二十二营因为莫须有的罪名被裁并为八营，其中五营驻守甘肃，三营驻守陕西。甘军遭到裁并解散后，很多甘军将领、士兵以及一些流亡的义和团勇士流落于甘肃民间。如甘军庄浪统领邵银环、甘军石统麾下哨官王步高、甘军固原提督营哨官孙彦彪、甘军榆中副将总兵金永清及其子游击将军金造、甘军榆中哨官范铭、甘军甘肃提督府偏将郭永忠等，这些甘军将领还乡以后，都成为各地方武艺门派的宗师。

保留驻甘的甘军五营，又促进了近代史上甘、宁、青回族家族势力武装的形成，由于各路马家军中大量存在跟随董福祥征战沙场的战将，以及马家军近 100 年的地方统治，使得八门武艺在甘肃地区（含青海、宁夏）回民中也得到广泛传播与发展。

（二）南少林寺与甘肃少林寺

南少林寺位于莆田荔城区西天尾镇九莲山林山村，距市区约 17 千米。南少林寺前身名为"林泉寺"，建于南朝陈永定年间，唐初因十三棍僧救唐主有功，太宗皇帝特敕北少林昙宗方丈在南方建少林寺，称为南少林寺。至清初，因反清复明被夷为平地。直至 1986 年，考古学家挖掘发现南少林寺遗址，这才让其呈现在世人面前。

清代天地会《香花僧秘典》里记载，康熙十三年，西鲁国入侵国境，朝臣官兵抵挡不住，朝廷张贴皇榜招募天下勇士，许诺退兵者封侯赐爵。南少林寺僧自愿揭榜请缨，奋勇杀敌卫国。不料得胜回朝后，康熙却火烧少林寺，屠杀僧人，侥幸逃脱的五个僧人歃血盟誓"反清复明"，组织天地会，为死难者报仇。

据清史资料丛刊《天地会》的记载，雍正十一年（1733），因邓胜进谗言，雍正派兵火烧莆田九莲山少林寺。少林僧人几乎被赶尽杀绝。当时逃出五个僧人，拜万云龙为天地会首领。后来万云龙战死，陈近南接任天地会首领，武装暴动失败后，天地会林永超到甘肃组建"凤凰郡堂"，此分舵是天地会五人分舵之一。据洪门以及清史抓获的天地会要犯的相关审讯资料记载，甘肃存在一座少林寺，由于甘肃存在少林寺从无记载，现实中也查无此处，清朝官员判断为天地会成员文化低下，搞不清楚少林寺是在河南还是甘肃，以此而汇报朝廷。其实到底甘肃是否存在少林寺，这个不好说，但是甘肃存在武当却是真实的，在甘肃靖远县三滩乡就有一座武当山庙。另外，兰州榆中县新营乡八门寺村也是很需要研究的地方，因为如果八门拳派与反清复明有瓜葛，那么兰州榆中县新营乡八门寺村就是很有意思的地方。

尽管清初火烧南少林寺的史料记载比较混乱，甚至有观点认为福建存在三个南少林寺，但是伴随考古发现与考证，福建存在过南少林已经是被肯定的了，并且南少林在清初受到磨难也逐渐清晰，这样越来越多的证据可以证明，八门武艺中的一些传授，由清初南少林逃难的高增，假扮成道人在甘肃地区传拳的说法，可能并不是空穴来风的臆造或托词。

四、八门武艺拳趟子和器械

趟子是八门武艺对套路的总称，在八门武艺中排列最后，属于功夫中最低级的武艺。徒手的称为"拳趟子"，器械的称为"家式趟子"。

八门武艺的拳趟子主要有：遛脚、花拳、撕拳、炮拳、五虎单拳、八虎单拳、八门单拳、八锦单拳、梅花单拳、金刚单拳、燕青单拳、醉单拳、奇势连拳、贯拳、挑拳、锁拳（九锁拳）、兴拳、犁拳（九犁拳）、鹭拳、义善拳、小红拳、春秋拳、八三拳（八闪拳）、金锤、轻锤、挛锤、翻锤、六合锤、七星锤、八门炮锤、登州锤、郑江锤、护膝锤、九环锤、周家小母、小母子（孖母子）、关西母子、山西母子、郑江母子、十排母子、指母、锤母、斩母、破母、二斩母子、三斩母子、通备母子、棋盘母子、八门信子、封手、八步转、乱八步、八门斩、九滚十八跌、子母连、六路手、六步架子、十沉劲、十排手、十连子、十二连、撵拳排子、手排子，等等。

八门"家式趟子"以棍法最为突出，主要有：梅花条子、红柳条子、中平条子、六合条子、八普条子、八路条子、八仙条子、九宫条子、十步条子、桑门条子、蒲团条子、琵琶条子、压山条子、进山条子、子序条子、青龙条子、四门条子、金琐条子、天启棍、天门棍、扭丝棍、风魔棍、盘龙棍、黄龙棍、行者棍、吊棍、炮棍、醉棍、虎棍（出山棍）、群羊棍（擒羊棍）、乱劈柴、紧夹鞭（金家鞭）、吊手鞭、护手鞭、换手鞭、子胥鞭、穿龙鞭、七星鞭、金鞭、虎鞭（霸王鞭、黑虎鞭）、双挂印，等等。

八门的其他"家式趟子"有：高家枪、杨家枪、金枪、虎枪、花枪、神枪、混元枪、四门枪、六合枪、奇门枪、梅花枪、张飞枪、太保刀、天罡刀、追风刀、断门刀（断魂刀）、四环刀、武松刀、燕青刀、混元刀、梅花刀、五侯刀、关刀、定宋刀、八卦刀、马蹬刀、护手刀、兽星拐、连枷、手连枷、流星锤，等等。

五、八门武艺之河州魏家

清初，少林寺逢难之后，少林寺僧人在全国各地游方教艺者甚多。来到河州的游僧只说自己姓王，家在山东，未露其讳。故河州人通称其为王喇嘛。乾隆年间，一日王大脚（王富海）下班回家（王大脚家在北塬，离城很近）时，见一僧人面带倦容，在路旁树荫下坐地。大脚上前问明缘由，方知是从山东来的游方僧人，途中染疾等情况。大脚便邀其至家中，安排食宿，请医疗疾。王喇嘛病愈后，感恩传艺。一日，王喇嘛要辞别回山东。大脚本因念传艺之情想送一程，但实无空暇之时，便资助盘费，遣子麻狼送行。麻狼送到山东，又替王喇嘛种了三年香烟地。王喇嘛念其诚，尽传天启棍之术，饯别麻狼回乡。麻狼到家后，父子苦心演习，得其精髓。故在河州地方的乡亲们有"麻狼送师傅，送到底"之说。

魏廷魁于道光辛巳年十一月二十日生，少时家贫，常放羊在山。一日王大脚闲暇，与同伴去朱家泉游玩，路经魏家坡根，见一少年在山中舞棍，便捷径上山观看，了解情况，魏以实言相告。大脚即言想收魏为徒，是否愿意。魏纳头便拜，认王为师。王与魏说，每天晚饭后，倘有时间，就来我家学棍。从此魏廷魁正式踏上依钵技艺之途。河州魏家传续如下：

王喇嘛传王大脚（正名王富海）；

二世、王富海传子麻狼、徒魏廷魁；

三世、魏廷魁传子魏光隆，外甥穆惠来、王玉，徒郝维礼（绰号郝烧子）；

四世：魏光隆、穆惠来、王玉、郝维礼等人；

五世：魏佐楷、魏佐梁、冯善成、梁庚学、魏丰年、魏元旦、魏子明、魏永耀、方大元、罗凤朝、谢玉玉、赵朔州、郝元福、陈国海等人；

六世：方学义、张长福、张毛毛、韩鸡胡、侯金银存、侯王哥、侯成龙、朱师爷、张子纲、尹杜令子、罗环章、徐绍伟、徐大娃、李长眉毛、胡金龙、罗八虎、李静悟、秦镜等人；

七世、八世及以后从略。

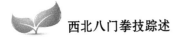

六、固城王与封手

西固城王老爷（王德成）是八门泰斗之一，但是王老爷的封手，不是传自常巴巴爷，而是与官府的杨道台、李师爷有直接关系。传说王老爷在省政府值班（考证现省政府系晚清陕甘总督府，还有一说是王老爷的尕爸在总督府当更夫，向杨道台学了封手，后又传给王德成），半夜天冷，为了驱寒，王老爷在室外打撕拳、炮拳，被杨道台看见，耻笑这样的拳打不了人，王老爷不服，与杨道台过拳，结果王老爷一出手，不是被颠翻就是被封拳，截然不是对手，于是王老爷拜杨道台为师，学了封手。据说杨道台是福建人，李稿爷（稿爷相当于现在的秘书）是陕西人，而李稿爷也在甘肃传授了封手。正因为杨道台是福建人，由此还形成了八大王的后人以封手门自称的风格，并坦诚"封手拳娘家在西固，来源于南路福建"。

七、八大王

陈登魁（八大王、尕爸、小尕爸），兰州市西固陈官营人，出生于清咸丰末年，卒于民国十八年，从小家境较好，也算是富家子弟，在兰州广武门邓家花园附近开有蜡、纸店。早年大王浪门子也学了些拳脚，因其多与浪荡子弟结交，时常参与他们的街头打斗，不过大王天资聪明，身手灵活敏捷，在街头打斗中脱颖而出成为他们的头领，被俗称为"大王"。至于"八大王"的称呼，一说是浪荡子弟的大王，疤或八为赖的意思，故名"八大王"。还有一说是，大王认为已经学会了"八门"的精髓，故称"八大王"。

有一次，大王与河州来的把式交手，吃了亏，从此对武艺有了深刻领悟，曾虚心拜马四爷学艺，后又多次拜求甘军教头稿爷（杨稿爷）学艺。马四爷没有传授八大王太多东西，由此还造成八大王对河州把式的偏见。稿爷尽管没有教给八大王具体的武艺，但是稿爷在武艺的道法上却给了八大王很多传授，为八大王日后武艺的精湛和威震西北五省奠定了基础。

在得知西固王老爷（王德成）精通八门武艺后，八大王有意通过市场纠纷将王老爷引入城内，在拜师多次未果的情况下，八大王故意放言称对西固商贩的货不予叫卖和推迟上货，等王老爷进城，八大王又死磨硬泡要求拜师学艺，王老爷也算文化人，曾在总督府干过，拉不开情面，最后王老爷无奈，又看着八大王天资聪明，于是就收了八大王，这以后八大王不仅把王老爷请至家中供养，而且只要王老爷进城必被八大王接入家中，如果要住在别处，八大王还要找留住王老爷的人算账。八大王通过跟西固王老爷学艺，系统掌握了八门武艺的一些功法，尤其精于封手，后自己开创"封手门"，更加丰富了封手的内容。

八大王不仅跟西固王老爷学艺，而且只要是他认为好的他都有心学，在足迹踏遍河西各地的同时，通过直接较量，八大王也虚心学了其他武艺，其中八大王与汴爷和严爷也学了不少的武艺精华。

八大王的徒弟主要有六大王陈林、张百川、马怀德、陈七爷、杨八爷、金背蛤蟆等，其中以六大王的传授最为全面，有"内场六大王，外场张百川"的说法。

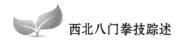

韩光明传授西北八门拳流源初探

一、师传八门拳流源

八门拳的流源问题，近年来众说纷纭，甚至山雾缭绕得让继承者一头雾水。30 年前关于八门拳流源问题主要有两种传授，一种是常燕山或常巴巴来兰州传撕拳、炮拳说，还有一种是铁臂刘爷来甘肃传拳说。常燕山或常巴巴传拳说在一些民间手抄拳谱里留有痕迹，而铁臂刘爷传拳说是口口相传的门内传授。至于现在又出现的刘伯温说、皇宫内府说、岳飞说等，除皇宫内府属于地方，不是指具体人物以外，岳飞说和刘伯温说，时间上比较遥远，但即使那么遥远，传承上也会有很多痕迹可循，不至于 30 年前都没有听说过，30 年后突然出现而且这么唐突，况且八门拳的根基撕拳、炮拳（以下简称撕拳、炮拳）很明确是少林拳，但查遍少林寺武功文献，几乎找不到任何能与岳飞和刘伯温有关的记载。可能是清初兰州永登名将岳升龙、岳钟琪父子是岳飞第二十、二十一代子孙的缘故，有人提出兰州拳传自岳飞一说，但实际上在岳升龙、岳钟琪父子移居的四川成都，并没有什么能与兰州拳接近的武艺踪影。

笔者的撕拳、炮拳受之于兰州韩光明师傅，韩师傅的撕拳、炮拳得之于张百川（兰州方言读音张佰川）、赵朔州、白耀山三位师宗，兼有三位师宗的行拳风格，且因白耀山是回族，所以也具有回汉两派的特长。韩师傅给弟子关于兰州撕拳、炮拳起源的传授，明确是第一代铁臂刘爷→第二代宁夏将军之子→第三代兰州筏子客杨共奇（至于杨国琪，还有杨公琪，都不能肯定是否是同一人），至此撕拳、炮拳在兰州全面流传，并作为八门拳派的根基，使八门拳派在西北不断发展。关于铁臂刘爷的情况，韩师傅的师传描述是少林蒙难的高僧，由于到甘肃避难，遂将撕拳、炮拳传到了甘肃。

韩光明师傅的保守是兰州地方上出了名的，"宁让失传，不让乱传"是他始终坚持的原则，也正因为保守，他所传承和教授的武艺，基本没有受到新中国成立后武术作为群众体育运动发展的影响，原汁原味地保留了古朴、重于技击的特色。

在传授内容与方法上，也是"小生子"（太子"老生子"法之一）、"太子上殿"、撕拳、炮拳成系统地完整传授，且这些内容与方法，均与少林武艺有密切的关系，充分体现了撕拳、炮拳属于少林武艺的传授，并且合理合法，即如果空练炮拳，一般不容易达到"罗汉劲"（炮拳的主要劲力特点）的层次，但如果有"小生子"、"太子上殿"、撕拳的基础练法，一般人经过长年练习，达到"罗汉劲"就要容易得多。

八门拳内场功法的"小生子"，应该是少林心意把的原始法，属于少林心意把的内容，是清朝乾隆嘉庆时期少林禁武后，少林僧人在千佛殿（毗卢阁）夜间练功的方法。韩师傅始终强调历代宗师的"小生子"法是清晨天没亮时空腹练习，或者夜深人静时安静练习，"小生子"不仅增进功力，而且祛除百病、延年益寿。笔者在学习时，也问过韩师傅这种练法是出于什么原因，韩师傅主要也是从人体生理和环境上进行解释，但是随着笔者研究的深入，在假定"小生子"法就是少林心意把的原始法后，那么这里还有一个历史传统的因素。

因为"小生子"法又属于"太子上殿"的基本法，所以"小生子""太子上殿"都应该属于少林心意把的内容，只是"小生子"法是固定原位的练法，"太子上殿"是活步的练法，二者恰恰符合子母的关系，即"小生子"法为母法，"太子上殿"为子法，这也如同撕拳和炮拳，合称起来是撕拳、炮拳，在子母关系上，撕拳为母，炮拳为子。招式上撕拳和炮拳并没有太多区别，但是两者的练法截然不同，在拳谱上，有"八门出世在六爻"，还有"八门出世在少林"的歌诀，这些世代相传的拳谱，明确了撕拳、炮拳和少林拳的密切关系。

对于西北八门武艺的撕拳、炮拳，各门派非常统一而没有争议的内容有：

（1）属于少林拳。

（2）以坎、艮、震、巽、离、坤、兑、乾八卦之八个方位立休、生、伤、杜、景、死、惊、开之八门，招式分上蓬、中蓬、下蓬三蓬；有里外皮划分；阴阳相抱是无极之法；等等，充实着道家学说。

以上两点揭示了八门拳的一个根本特点，就是兼有道家和佛家融合，这个文化内涵不同于佛家代表的少林武艺，也不同于道家代表的武当、青城武艺，而且此种现象在全国范围内也不多见。

另外，西北八门武艺撕拳、炮拳的抱手礼中，拳代表"日"，掌代表"月"，拳掌相合，代表日月相合，日月相合是"明"字，暗喻"反清复明"。

通过以上特点研究结果发现，拳理上与西北八门拳派非常接近的是在清康熙年间开始广泛地影响山东、河北地区的民间秘密反清教会八卦教门。

二、清乾隆时期的八卦教与西北八门拳派的共同特征

据《清实录》记载，八卦教创始人是刘奉天（又名李乐天、李廷玉、刘佐臣、刘凤天），其教派和武艺师承于清朝顺治年间宫廷太监魏子义，而魏子义也是民间秘密教会白莲教支系弘阳教（亦称混元教）的教主。白莲教在宋朝时期已有记载，南宋时期发展壮大，其教义源于北宋佛教的净土宗，崇奉阿弥陀佛，相传净土宗始祖东晋释慧远在庐山东林寺与刘遗民等结白莲社共同念佛。明中期以后，民间宗教名目繁多，有金禅、无为、龙华、悟空、还源、圆顿、弘阳、弥勒、净空、大成、三阳、混元、闻香、罗道等数十种，有的一教数名，它们或多或少地都与白莲教有关系，因此，统治者认为它们实际上仍是白莲教，民间也笼统地称其为白莲教，此时的白莲教已演变成儒、释、道并混杂地方民俗信仰的民间秘密教门，而八卦教实际上也是属于白莲教的支系教派。

教门传说刘奉天于康熙元年（1662）创八卦教，也有笼统说是康熙初年。

八卦教的宗旨强调儒、释、道三教合一、万法归一。八卦教内的拳种统称为文圣拳，后世又有义和拳、杜家拳的称呼，具体拳种有五步拳、四门拳、六合拳、九宫掌、八卦拳、五子拳、五形拳、八法拳、六步架等，拳法以乾、坤、离、坎、震、兑、巽、艮为八门，内安五行，外运八卦，合九宫传习。

八卦教作为白莲教的分支，自清朝顺治末年创立后，后续又发展出很多支系，其实都是异名同教。如收元教（乾隆十三年）、清水教（乾隆三十七年）、义和拳门（乾隆三十九年）、混元教（乾隆三十九年樊明德复教）、天理教（嘉庆十八年）、义和团（光绪二十五年）等，包括大刀会、

小刀会、红枪会也都是八卦教后世变体团体。八卦教的创立对康熙十三年创立的天地会也有非常重要的影响。查阅清史资料可以发现，康熙四十五年（1706）八卦教被清廷关注并开始限制，康熙四十七年爆发天地会张念一反清起义；康熙五十六年爆发李雪臣、李义山白莲教"叛案"，从康熙年间这几起事件开始，民间教会反清的活动就开始接连不断，直至乾隆中期愈演愈烈。

八卦教（包括清水教）教内分文、武两场，文场之徒众称为文弟子，习运气练功，不许退教；武场之弟子称为武弟子，习拳棒功夫，可半途退教，称为太平去。教门所收之徒分为八卦，每卦以一人为卦长，二人为左乾、右支，以下六爻具为散徒。每卦各自收徒，所收之徒，各出银钱送予卦长，卦长汇送予教主，多寡随便。

八卦教（包括清水教）除以坎、艮、震、巽、离、坤、兑、乾立八门九宫说以外，其不少的内容还与西北八门拳派存在或隐或显的关系。比如"燕山"，八卦教及其拳种恰恰流传于山东、河北一带，这与八门拳派的"燕山"地域指向相同。还有宫廷太监魏子义传教的记载，这与一些八门拳派宣称来源于皇宫的说法吻合。比如八卦教（包括清水教）的五步拳、六步架、四门拳、八法拳等，这些拳法在八门拳派中也均可以找到。再如时间和历史背景方面，清乾隆时期也与西北八门拳派在甘肃开始传授的时期相吻合。

三、清乾隆时期民间秘密教派和西北地区的联系

（一）八卦教（包括清水教）和西北地区的联系

根据清廷档案记载，乾隆三十七年（1772），八卦教教主刘省过和清

水教教主王中二人因秘密从事谋逆反清的活动被斩立决。

刘省过的妻子李氏与刘省过四子、五子分给副都统果升阿为奴，住京城东城帽儿胡同，果升阿于 1840 年 10 月 10—13 日出任 3 天的吉林将军；刘二洪分给伯鄂岳家为奴；刘二洪因外出不在家逃脱外，刘姓及其近亲发配新疆。

王中有妻袁氏，儿子王子重又叫王朝重，王中死后，王子重成为清水教教主。乾隆五十三年（1788），清水教案发，王子重及其党羽也被清廷发配新疆。

从清廷档案记载可以看出，八卦教、清水教教徒除了被斩首的以外，主要就是发配新疆，这就造成后续不断地有八卦教、清水教教徒秘密前往新疆联络和推选新教主。如乾隆四十五年（1780），八卦教教徒侯朴派徒弟徐卿云等携带银两，到新疆寻找被发配的刘省过的表兄刘廷献，推举刘廷献为中天教首，总掌八卦教事务。乾隆五十五年（1790），清水教教徒刘照魁不远万里徒步到达新疆联络王子重等清水教徒。嘉庆七年（1802）和嘉庆十四年（1809），八卦教教徒侯绳武派教内首领元善和夏洪章，分别两次携带白银秘密前往新疆请刘廷献之子刘成林出任八卦教教主。直到嘉庆二十二年（1817），清廷顺藤摸瓜，将刘成林、侯氏兄弟及刘上达、张贯九父子一网打尽，八卦教、清水教教徒前往新疆的活动才逐渐停息。以上这些记录，都是清廷破案后的审讯记录，而秘密联络，没有被清廷察觉的估计也会有不少。

清朝时期的宁夏和青海统属于甘肃的行政辖区，因此清朝去新疆的路必经甘肃地域。当时内地人要前往新疆，还要渡过黄河这道天险，而黄河在甘肃境内仅兰州段有镇远浮桥可以过河，其他河段主要依靠船（羊皮筏子）过河，过河的时间受水流、天气影响很大，且很不安全。此种交通状况，可以断定刘省过近亲和王子重及其教徒发配新疆必然路经甘肃，且从兰州过黄河的可能性也很大，徐卿云、刘照魁、元善、夏洪章等教徒前往新疆寻找、联络老教主子侄复教的活动，也必然途经甘肃。

（二）混元教（三阳教）和西北地区的联系

乾隆五十三年（1788），刘松徒弟刘之协至甘肃隆德（现宁夏隆德）探望刘松，商议恢复旧教。刘之协恐不能动众，复与刘松商量，"欲觅一人捏名牛八，凑成朱字，伪称明朝嫡派，将来必然大贵"。另商定改混元教为三阳教，刘松为老教主，刘之协负责赴各地传教，宣传反清复明。

乾隆五十九年（1794），清廷大肆搜捕三阳教教徒，刘松被处死，刘之协逃往川、楚地区继续从事反清活动。

刘松死后，刘之协继任教首，嘉庆元年（1796），利用新老皇帝交替时机，川、楚白莲教教徒提出"官逼民反"口号，于枝江、宜都、襄阳等地相继起义，尊刘之协为天王。

嘉庆五年（1800）六月，川、楚白莲教起义失败，刘之协在从汝州返叶县途中被捕，随之被处死。

需要说明的是，清朝从开始一直到康熙时期，陕甘其实是一个行政区域，治所在西安的三边总督，管辖今天的陕西、甘肃、宁夏、青海东部等广大地区，当时并没有甘肃的行政划分，乾隆时期的陕甘合称也是由陕甘总督统辖的，这也是民间"陕甘一家亲"说法的由来。乾隆二十九年（1764），清政府将陕甘总督衙门从西安移驻兰州，这种陕甘总督的军政管理模式一直延续到清朝灭亡。这样，假如按照现在行政区域定义清乾隆时期的川、楚、陕白莲教大起义，实际上可以称之为"川、楚、陕、甘白莲教大起义"，因为起义也波及天水、巩昌、武都、徽县、康县、成县等今陇东与甘南地区。

另外，由于八旗、绿营兵丁在镇压白莲教的战争中表现十分不力，嘉庆帝在裁撤满族带兵大员的同时，重用汉族地主武装的团练、乡勇，其中杨遇春、杨芳、罗思举等汉族地主武装就是杰出代表，在平定教乱之后，杨遇春因功升至陕甘总督，杨芳官至甘肃提督。杨遇春也是目前为止在姓名中有"遇春"且到过甘肃的著名将领，他于兰州在陕甘总督的任上主政十年，现在兰州老城内还随处可查他与兰州的典故。而常遇春（字伯仁，号燕衡）虽为明朝开国大将，但其从来没有到过甘肃，并且其在徐达部将冯胜攻打王保保光复甘肃的时期已经病故，徐达没有亲自参加对王保保的战争，也是因为赶赴参加常遇春的葬礼，所以"常燕山"即为常遇春，来兰州传授撕拳、炮拳的说法实属牵强附会之辞。

四、镇压白莲教起义脱颖而出的陕甘总督杨遇春

杨遇春（1761—1837），字时斋，四川崇庆（今崇州）人，清朝名将。杨遇春六岁时开始读书，十七岁时因家道中落转而习武。

乾隆四十四年（1779），考中武举人，任四川村官。

乾隆四十五年（1780），朝廷选用杨遇春担任督标。后来他跟随福康安镇压甘肃田五起义，台湾林爽文起义以及贵州、湖南苗民起义，深受福康安的赏识和提拔，接连升任青云把总、千总。

乾隆五十六年（1791），廓尔喀（即尼泊尔）封建主侵犯清朝西藏地区，攻进日喀则，破坏札什伦布寺。乾隆五十七年（1792），朝廷派福康安为统兵大臣，进行反击。杨遇春因随福康安出征有功，升任四川城守右营守备。

乾隆六十年（1795），古州苗民起义爆发，杨遇春随福康安率军镇压，因功升任广东罗定营副将，赏顶戴花翎，并赐号"劲勇巴图鲁"。

嘉庆二年（1797），参与镇压川、楚白莲教起义，因策划廓尔喀之役，受到经略大臣额勒登保所倚重。

嘉庆五年（1800），以甘州提督身份率军独立作战。起义军著名领袖覃加耀、罗其清、冷天禄、阮正隆、王廷诏等人先后被其斩杀或俘获，因战功显赫赐云骑尉世职。嘉庆六年（1801），晋升骑都尉世职。

嘉庆七年（1802），升任固原提督，后因其功勋卓著，晋升二等轻车都尉世职。

嘉庆十一年（1806）六月，陕西宁陕镇驻兵因减发银两而哗变，变兵攻城劫狱，杀死官员，哗变发展到一万余人，朝廷派德楞泰、杨遇春等人率军平定。

嘉庆十三年（1808），杨遇春入朝觐见，兼任乾清门侍卫，仍授固原提督。

嘉庆十八年（1813），杨遇春以参赞大臣身份率兵镇压天理教起义，进封二等男爵，赐黄马褂。

嘉庆十九年（1814），率军镇压陕西南山厢工起义，晋封一等男爵。

嘉庆二十五年（1820）八月，清宣宗爱新觉罗·旻宁（道光帝）即位，加杨遇春为太子少保，赐双眼花翎。

道光五年（1825），担任代理陕甘总督。道光六年（1826），以代理陕甘总督之职率军平定新疆张格尔叛乱，收复新疆南疆四城。

道光八年（1828），正式担任陕甘总督。张格尔伏诛后，因功绘像紫光阁。

道光十五年（1835），以年老辞官返乡，进封一等昭勇侯。

道光十七年（1837），杨遇春病逝，年七十八。追赠太子太傅、兵部尚书，入祀贤良祠，谥号"忠武"，故后世称其为"杨忠武侯"。

杨遇春历仕乾隆、嘉庆、道光三朝，每遇军务，无不从伍驰驱。一生交战数百次，战法多变，临战常迎石冒矢，冲锋陷阵，未曾受伤，被嘉庆帝称为"福将"，与杨芳并称"二杨"。

陕甘总督任上十年，请免梨贡，裁减冗员，裁减军队，组织屯垦，改良马政，加强防务，合并机构以节浮费，为稳定和开发西北边疆作出了巨大贡献。

杨遇春著有《武备制胜编》十三卷。该兵书对如何观察气象、潮汐，怎样利用地形，如何选拔将领，如何组织部队，怎么守城、攻城，如何野战和扎营，如何制造火器，等等，都有详尽的描述，更难得的是对化学武器的使用以及解毒方法也有描述，堪称开创中国兵书战法的先例。

杨遇春有子2人，孙5人，长子杨国佐，官至四川茂州营都司，加副将衔；次子杨国栋，官至闽浙总督，封一等昭勇侯。孙辈均为单字名，分别为杨煦、杨熙、杨杰、杨妍、杨烜。尽管杨遇春的儿子为"国"字辈，但从"宁夏将军之子""兰州筏子客"以及官职出身等多方面分析，兰州杨共奇（或杨国琪）似乎与杨遇春一族没有关系。

五、西北八门拳派流源浅析

很多证据证明，西北八门拳派最具有代表性的撕拳、炮拳，其实就是少林拳。但是，如果西北八门拳派与清乾隆时期的民间秘密教门有直接关系，可查遍这些教门的武艺，不论八卦教，还是清水教，或者白莲教，也包括南方的天地会（洪门），这些教门都没有撕拳、"太子上殿"的功法。

特别对于"太子上殿"功法，既然属于雍正五年（1727）少林寺禁武以后的秘密练功方法，那么这种功法如何从少林寺走向民间？又如何流传到西北边陲的甘肃？

据《钦定四库全书·世宗宪皇帝上谕内阁》记载，雍正五年（1727）朝廷发布命令："游手浮荡之徒知所儆惧，好勇斗狠之习不致渐染，着各省督抚转饬地方官，行拳棒一事严予禁止，如有仍前自号教师及投师学习者，即行拿究。"此记载明确了从雍正五年开始，清廷禁止民间百姓习武。

雍正十三年（1735）重修少林寺时，雍正谕旨："朕览图内门头二十五房距寺较远，零星散处，俱不在此寺之内。向来直省房头僧人，类多不守清规，妄行生事，为释门败种。今少林寺既行修建，成一丛林，即不令此等房头散处寺外，难以稽查管束，应将所有房屋俱拆造于寺墙之外左右两旁，作为寮房。其如何改造之处，着王士俊酌量办理。至工竣后应令何人住持，候朕谕旨，从京中派人前往。"①

雍正十三年所谓重修少林寺，其实是对少林寺的大整顿，因清廷认为少林寺已经是"藏污纳垢"之地。而雍正帝下令拆除的少林寺周围二十五座远离寺院的"门头房"，过去大多都是少林寺武僧的练功场。经过整顿后，少林寺也失去了自主选定住持的权利，改由京师派遣。历史比较巧合的是雍正帝整顿完少林寺，自己也一命归西了。雍正十三年整顿少林寺的事件，逐渐被秘密教门利用，讹传成清初朝廷火烧少林寺的故事，实际上有放火焚毁的现象，焚毁的也是25座门头房的部分。

少林寺从雍正时期转为秘密练武以后，但围绕嵩山地区的民间私练武艺，依然被朝廷所察觉。如清乾隆四年（1739），河南巡抚雅尔图奏折声称："河南多盗，不逞之民阴为之主，俗谓'窝家'。保甲、甲长等畏窝家甚

---

① 叶封，焦钦宠. 少林寺志［M］. 郑州：少林书局，2007.

於官法。大河以南，深山邃谷。民以防鸟兽为名，皆有刀械。惑於邪教，怀私角斗，何所不为。如梁朝凤、梁周、张位等辈，党类甚多，愚民易遭煽惑。与其发觉后尽置诸法，何如於未发觉前设法消散。文武会遣兵役搜查，仍令自首免罪。"[①] 奏折中声称的"大河以南，深山邃谷"主要是指黄河以南的嵩山地区。

乾隆五年（1740），雅尔图再次奏报朝廷，更是直接点明了少林寺："豫有少壮之民，习于强悍，多学拳棒。如少林寺僧徒，向以教习拳棒为名，聚集无赖、凶狠不法之辈，效尤成风。邪教之人传意诱骗此等入伙，以张羽翼。"（《宫中档乾隆朝奏折》载）雅尔图奏折还表明一个问题，乾隆五年民间秘密教会已经在利用少林寺的名誉，吸引和诱骗少林拳弟子加入秘密教会。

从雅尔图的两份奏折来看，都重点提到"邪教"的危害，这个"邪教"对照时代背景，无疑属于白莲教及其分支教派，这就说明当时的少林寺，多少也受到白莲教的影响。结合以上资料，再来看前面提出的问题，西北八门拳派乾隆年间在兰州形成，可能经历两个重要阶段。

一个阶段是雍正十三年拆毁少林寺25座门头房至乾隆三十七年镇压八卦教（清水教），这37年中，真正掌握少林寺秘练功法的人，将撕拳、炮拳、"太子上殿"的功法传到了甘肃。

另一个阶段是乾隆三十七年华北、山东地区镇压八卦教（清水教）至乾隆五十九年西北地区镇压三阳教，这22年中，八卦教（清水教）教徒将教门武艺以及乾、坤、离、坎、震、兑、巽、艮八门九宫说传播到甘肃。

这两个阶段传承与融合的结果是，西北八门拳派既有撕拳、炮拳、"太子上殿"的少林秘传功法，又有乾、坤、离、坎、震、兑、巽、艮八门九

---

① 赵尔巽. 清史稿卷三百九列传九十六 [M]. 上海：上海联合书店，1942.

宫说的四门拳、八法拳、六步架等教门拳，而八卦教（清水教）门却没有撕拳、"太子上殿"的功法。

关于常巴巴来兰州传拳问题，常巴巴本名常志美，字永华，亦作蕴华，经名穆罕默德·哈基姆，山东济宁人，生于明万历三十八年（1610）四月十五日，卒于康熙九年（1670）四月初七。在常巴巴生活的年代，少林寺是可以公开演武的，朝廷禁民间习武后的秘密练功之法还没有形成系统之法，此时康熙元年（1662）创建的八卦教还是小范围传播的秘密组织，郜云龙、杨四海等发扬光大八卦教的事情，至少是常巴巴归真以后的事情，所以，常巴巴来兰州传授撕拳、炮拳，更有家谱记载的常巴巴于清嘉庆年间来兰州传授撕拳、炮拳和九环锤，这些只能是美好的附会与寄托，而从时间、法理、内容等方面看，均与现实不符。

关于榆中李联芳手抄拳谱，属于笔者所见的最早手抄本，据说还有更早的抄本，但限于笔者文献所限，笔者并没有见到更早的抄本，因而仅依据李联芳抄本，难免存在纰漏，作为问题浅析，仅供参考。李联芳抄本成书于1950年2月18日，抄本中也有完整的《常巴巴论》，所谓常巴巴论，只是文章开头的"常巴巴曰"三个字，其后再未见有关常巴巴的任何字眼。从内容看主要是说理、规劝的内容，教育风格上类似于伊斯兰的经堂教育。

李联芳抄本收录《常巴巴论》，但该抄本并没有说常巴巴来兰州传授了撕拳、炮拳、九环锤等，相反李联芳抄本明确了"本谱来自燕京出自大清皇宫"，对于传承祖师，李联芳抄本明确写有"本谱乃脊宝王来兰传于皋兰北乡魏老师，而后传于榆中李老师"。对于李联芳抄本记录的来自燕京出自大清皇宫的说法，这与笔者考证的八卦教来源于白莲教支系弘阳教（亦称混元教）的教主清顺治年间宫廷太监魏子义有关。按照清朝庭审笔录记载，八卦教教主刘奉天的武艺和教理师承于太监魏子义，由于乾隆时期朝廷多次打击铲除秘密教会，此时宫中太监、杂役断然不敢再有信教者。至乾隆五十六年，随着王子重、刘照魁、刘书芳、布文斌等主要教首或被杀，或被拿获关押刑部大狱，王子重之母王袁氏，其妻王工氏，其子王栋、侄子王宿等人俱遭缘坐，此时以八卦教、清水教等为主的白莲教支系受到严厉打击，一蹶不振。因此，李联芳抄本记录来源大清皇宫说法，最有可能是指与清顺治太监魏子义的关系。

李联芳抄本关于"脊宝王"的记录，与西北八门拳派其他门派传授所讲的"集宝爷"应该是指同一个人，由于清朝早期满族姓名是"称名不举性"，并且父子、兄弟之间的名字关系也没有俗约规定，因此仅凭"脊宝"或"集宝"两个字，很难确定到底是满族哪个贵族的名，"脊宝王"是哪个王爷，查《大清宗室郡王》也没有以"脊宝"或"集宝"为名的成员。但据《清朝通志·氏族略·满洲八旗姓》和《吉林通志》记载，清中叶（乾隆、嘉庆时期），由满族姓氏成尼氏、瓜吉氏、多金氏、通吉氏、额尔吉氏、古尔吉氏、哈尔吉氏、松吉氏、吉噜氏、吉郎吉瓦尔喀氏、莽吉绰氏、庚克勒氏等受汉文化影响，亦称"吉宝"或"吉"姓，此"吉宝"与李联芳抄本中的"脊宝"存在何种关系？更进一步地，"脊宝王"与"宁夏将军之子"存在何种关系？还有待日后进一步研究。

关于所谓常遇春或其后人常燕山来兰州传撕拳、炮拳的传说。首先在兰州传承撕拳、炮拳的门派均未见其说，至于常燕山到藏区里寻找一支子孙在兰州传了撕拳、炮拳的说法更是凭空捏造，此说在侯尚达先生《再说天启棍》一文中已经驳斥得很清楚了。本书前文也已经指出，常遇春在徐达部将冯胜攻打王保保光复甘肃时期已经病故，常遇春一生根本就没有来过兰州，至于常燕山就是常遇春的谬论，根本不是兰州八门拳派撕拳、炮

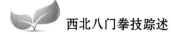

拳传承门派的说法。

六、铁臂刘爷

西北八门拳派除封手拳是源自福建咏春拳且具有部分南拳特征外，撕拳、炮拳、九环锤等明显属于北派拳术风格，所以铁臂刘爷如果是少林蒙难的高僧，首先应属于北少林（嵩山少林寺）的僧人或者俗家弟子，属于南少林高僧的可能性极小，当然历史也许存在偶然性。

清朝时期，嵩山少林寺的磨难最先开始于雍正十三年（1735）的重修少林寺事件，其中拆毁少林寺练功门头房 25 座，由于雍正皇帝明令禁止民间习武，因此拆除门头房时，除遣散门头房部分僧众及俗家弟子外，一些被官府查知的拳棒教头纷纷外逃避祸，这种状况应该至少持续到乾隆五年雅尔图担任河南巡抚平息"教匪为乱"的时期。

另外，根据 20 世纪 80 年代国家主导的对武术挖掘整理时期的文献《福建南拳的渊源、流派和特点》记载，清雍正时期，铁珠和尚在河南嵩山少林寺被毁后逃到福建来授拳，铁珠和尚是铁杖和尚的弟子，他有四个师兄弟，分别是铁柄、铁珠、铁鞋、铁云。铁杖和尚原是少林寺的当家，他是达摩和尚的弟子飞钵和尚的门徒，铁杖和尚与铁臂和尚、杨信本（未出家）三人为师兄弟，铁臂和尚是河南金光寺住持，杨信本是雍正的军师。据说雍正曾和铁臂和尚学武并未出师，后来因与铁珠、铁柄比武输了，听从杨信本之言，火烧嵩山少林寺。铁柄逃往北平，铁珠南逃福建，先是在南安，得到安海人的资助，便到闽侯县青铺泉的地方卖艺授拳，传授外家拳法，有金狮罗汉、龙拳、虎拳等，这种拳术符合南方人的体格及兴趣，在此基础上，再传少林拳，后来为了适应高大身材者的要求，又传少林三杵（指三种马裆姿势）及舞狮等。

考证《福建南拳的渊源、流派和特点》中的上述说法，实际来源于天地会、洪门的传说，在正史文献以及少林寺内历史文献中，均没有记载。况且如果福建南拳所称的铁臂和尚就是来甘肃传拳的铁臂刘爷，那么由于师从同门，福建南拳也应该有撕拳、炮拳的踪影，但现实是福建南拳的风格、特点实在与西北八门拳派差别甚远。再有，如果铁杖和尚、铁臂和尚、杨信本是飞钵和尚的门徒，可飞钵和尚却是明朝时期北京一带的高僧，北京戒台寺、法藏寺都留有遗迹，其与南、北少林寺的关系又不可考证。

近年来关于天地会、洪门的研究又发现很多新文献，特别是据推测由清代嘉庆年间蔡永兼所著的《西山杂志》，该书因记录确有泉州少林寺的存在，以及被清廷焚毁的事实受到广泛重视。但《西山杂志》对于天地会、洪门等"西鲁故事""五祖传说""铁杖和尚与铁臂和尚及杨信本传说"仍然没有记录，因此说假如清康乾时期少林寺真有铁臂和尚，倒是最有可能是来甘肃传授撕拳、炮拳的铁臂刘爷，但因是建立在不可考证的教会传说上，其真实性难以判定。

至于乾隆三十七年（1772）以后，八卦教刘姓教徒被发配新疆，以及后来刘姓教徒前往新疆联络的历史，这又因为八门拳派建立在撕拳、炮拳的根基上，与八卦教拳术有很大不同的原因，这些人中即使存在铁臂刘爷，其也可能是少林寺25座门头房的僧人，而非八卦教在河北、山东的本地教徒。

总之，将这些历史事件的信息进行归集，首先可以推测的是铁臂刘爷是乾隆年间来到甘肃传授少林拳术的，可能的时间点存在两个，这里考虑古人从中原步行到西北的时间延后性，则一个时间点是乾隆元年

（1736）至乾隆六年（1741），一个是乾隆三十八年（1773）至乾隆五十六年（1791），而对于上述两个时间段，种种信息表明乾隆元年至乾隆六年的可能性较大。

七、宁夏将军之子

清朝军队主要分八旗和绿营两个系统，八旗又分京营和驻防两部分。驻防八旗驻扎于全国各个重要之地，视情况不同设将军、都统、副都统、城守尉、防守尉等官。内地京营将军等只管军事，而驻防边疆的将军等要兼管民政。

清朝将军以驻防地名为号，乾隆时期定制为14位将军，即盛京将军、吉林将军、黑龙江将军、乌里雅苏台将军、伊犁将军、绥远将军、江宁将军、成都将军、西安将军、宁夏将军、荆州将军、杭州将军、福州将军、广州将军。

清朝九大总督的正常官级为正二品，兼授兵部尚书、都察院右都御史后，才升为从一品。而14个八旗满族驻防将军的正常官级为从一品，高于总督，与兼授兵部尚书、都察院右都御史的总督持平。

宁夏将军是清朝设置在宁夏八旗驻防的最高军事长官，其职位高于川陕总督、陕甘总督等总督官衔。清朝八旗在康乾时期还比较注重军事及武功训练，保存有一定实力，但到嘉庆以后，因常年养尊处优，八旗子弟大多已经武功颓废，玩物丧志成为浮夸子弟，毫无战力可言。

康熙亲政后，实施"以汉治汉"的政策，倡导"以文教治天下"，崇尚理学，他还亲自祭拜黄帝、孔子等汉族圣人，对满族人学习汉文化起了推进作用。到了乾隆时期，满族事实上已经完全融入了中华民族的大家庭，乾隆帝修编《四库全书》，已经把清朝作为中国朝代的组成部分。因此这个时期，作为世袭制度职业军人的八旗驻军，其子孙师从汉族师傅学习武功，已经没有清初时期的那种严格限制，所以铁臂刘爷传武功给满族的宁夏将军之子，从历史背景上看没有障碍。

清朝记录可查的宁夏将军多达 71 人，仅乾隆时期就达到 23 人，这些将军们的嫡子数量就会更多，而且嘉庆时期年龄大的一些宁夏将军，他们的嫡子都存在可能，因此，仅仅依靠"宁夏将军之子"来查证，实在难度很大。这里仅仅给出一些常年真正驻扎在宁夏（排除署名将军），并且征战于西北的宁夏将军，进一步的考证留待后续的研究发现吧！

苏丹，满族正黄旗，雍正二年（1724）十二月十二日至雍正三年三月三十日任宁夏将军。雍正二年抚远大将军年羹尧议奏设宁夏将军，七月，清朝批准年羹尧的奏议，裁去宁夏卫，改置宁夏将军府，并任命陕西西安将军苏丹为陕西宁夏将军，任命苏丹之子参领苏图为陕西宁夏左翼副都统。

阿鲁，雍正十二年（1734）四月二十八日至雍正十三年（1735）二月十二日任宁夏将军。雍正八年（1730）阿鲁任天津水师营都统，雍正十二年（1734）调任陕西宁夏将军。

嵩椿，满洲镶黄旗，乾隆四十九年（1784）八月十四日至乾隆五十一年（1786）十月十一日任宁夏将军。乾隆四十九年六月，嵩椿由绥远将军改任宁夏将军。

积福，蒙古镶黄旗，乾隆五十一年（1786）十月十四日至乾隆五十三年（1788）一月十八日任宁夏将军。乾隆五十一年八月二十日，积福由绥远将军改任宁夏将军。

德宁阿，赫业氏，满洲镶蓝旗，嘉庆十九年（1814）四月十九日至嘉庆二十二年（1817）七月十五日任宁夏将军。嘉庆元年（1796），镇压川陕白莲教起义,被清廷赏戴花翎,赐"巴图鲁勇士"称号。嘉庆十五年(1810)德宁阿升任阿勒楚喀副都统,后调任吉林、宁古塔副都统。嘉庆十八年（1813），德宁阿奉命和副都统巴尔衮、总兵杨芳前往镇压河南李文成起义,因功被加封都统衔,并被授予云骑尉世职。嘉庆十九年（1814），他出任宁夏将军,后署四川总督,不久又回任成都将军。道光元年（1821）德宁阿改任乌鲁木齐都统,第二年任绥远将军,道光四年（1824）再任成都将军,道光五年（1825）任乌里雅苏台将军。道光六年（1826）新疆准噶尔发生叛乱,他随军征战,任伊犁参赞大臣,道光七年（1827）升任伊犁将军。

特依顺保（？—1840），钮祜禄氏,满洲正白旗,道光十年（1830）四月十九日至道光十二年（1832）九月十五日任宁夏将军。嘉庆中,特依顺保从长龄剿教匪,屡破高天升、马学礼,赐号"安成额巴图鲁",任甘肃西宁镇总兵。道光十年任宁夏将军。道光十八年（1838），张格尔之乱,命赴阿克苏,任甘肃提督,兼西宁办事大臣。

那拉搭·穆图善（？—1887），隶满洲镶黄旗,同治四年（1865）七月七日至光绪元年（1875）七月五日任宁夏将军。同治元年（1862），穆图善先从多隆阿军入陕征回,后代署钦差大臣,与太平军、捻军、回民军交战于陕西、湖北、甘肃、宁夏、青海,兼施招抚。历官西安右翼副都统,荆州、宁夏将军,署陕甘总督。同治七年（1868）罢官。光绪中再起,署正白旗汉军都统,捕治吉林"马贼"。中法战争时,任福州将军,参左宗棠军事,击败法军于长门。光绪十二年（1886），再充钦差大臣,会办东三省练兵事务。次年卒。

八、兰州筏子客杨共奇

在现代人的印象里，清朝末朝、民国初期的兰州黄河筏子客是社会最底层的流民，其低下的社会地位，与高高在上的满族贵族不太可能存在师徒关系。因为他们一无所有，所以在凶险的黄河上，赌命挣点糊口的钱。其实这只是对小型筏子，民间称之为"亮窗子"的筏子客而言的，"亮窗子"主要用于渡口处摆渡过往零散人员。

兰州黄河筏子客实际上是一个古老的职业，其历史记录可追溯到汉朝时期，在《水经注》《后汉书》等古籍中就已经有了羊皮筏子和筏子客的记录，而作为古代，甚至远古时期古人摆渡黄河的交通工具，其起源恐怕要远远早于汉代。

古代兰州羊皮筏子有大、中、小型之分，规模不同，筏子客的身份也不同。

大型羊皮筏子由碗口粗的白杨木做骨架，宽五六米，长20米左右，其上固定的羊皮胎多达500个以上，载重可达20多吨，需要由20名左右的筏子客操控，领头的被称为大掌柜。行筏子时，大掌柜立于筏子顶端指挥，其余人员则分立两侧划板子（桨）。筏子客腰间一般都束着一只尕羊羔皮胎，这是他们落水时的救命之物，他们的腰间还系着一根绳子和筏子相连，以防备跌落水中时被激流冲走。天热或汛期浪大时，他们会赤身裸体操筏，防止河水打湿衣服和增加人员及筏子负担。行筏专业术语有开、抓、扳、揽、压、提、里手、外手等。这种大型羊皮筏子主要从事黄河兰州段至绥远段（包括现在包头、托克托、准噶尔等地区）的交通运输，中间贯穿靖远、景泰、中卫、吴忠、银川、石嘴山、乌海等地，这条黄河水道，也是明清时期从兰州、银川返回京津地区最为便捷的运输通道。大型筏子需要有一个严密的筏子客组织，有大掌柜（总掌柜）、尕掌柜（分掌柜）、车户、脚户等严格分工，这些筏子客多由洗手的大盗、逃犯、土匪、逃兵、乞儿、弃儿等构成。尽管筏子客的出身复杂，但只要做了筏子客，在承揽生意方面，筏子客最重要的就是守信誉，甚至不惜牺牲性命来保证货物的安全。运输货物在兰州起运时，一般货主先付给筏子客六成运费，待货物运至目的地后，再由接货方付足剩余四成的运费，漂运途中，筏子客负责保护货物以免被土匪所抢或受损丢失。其实这种组织和经营模式，与陆地的保镖走镖相似，筏子客的大掌柜也就等同于陆地镖局的总镖头。

小型羊皮筏子由胳膊样粗细的白杨木做骨架，宽2米左右，长2米左右，其上固定的羊皮胎在9个左右，载重一般不超过三四百千克，通常只有一个人操控，俗称"亮窗子"，主要用于渡口处摆渡过往零散人员。因为小型羊皮筏子抗风险性差，长途贩运难免造成货物损失，所以极少作为黄河上长途运输的工具。这种兰州筏子客多由兰州周边来到兰州的流民或者城市中的落魄平民构成。

综合以上兰州筏子客的历史情况，可以发现作为"水上镖局"的总镖头兰州大筏子客，在经营筏子运输过程中，与官府、贵族、巨富、商贾等必然会存在生意上的往来，形成密切的联系。

由于传授中没有更多的信息可供查证，因此只能做一种简单的推测，即铁壁刘爷将少林武艺传授给宁夏将军之子后，兰州筏子客杨共奇在行筏过程中，在银川（宁夏将军府所在地）或兰州与宁夏将军之子相识，起先受其委托，承担兰州起运的任务，一来二往逐渐熟悉并成为好友，在这种关系的变化中，兰州筏子客杨共奇从宁夏将军之子那里学到了撕拳、炮拳、"太子上殿"等少林功法，并将此拳术在兰州广为传播，为日后兰州形成西北八门拳派奠定了基础。由于方言口音的偏差，兰州筏子客杨共奇，极有可能与兰州杨国琪指同一个人，或许"筏子客"都有可能是一个绰号，未必会是对职业的描述。但是通过兰州杨老爷的传授，其后的兰州、河州传人董大大、王老爷、郑江爷、马文爷、丁阿訇、魏满啦等，又让撕拳、炮拳在除兰州外的更广泛地区得以流传，逐渐影响至青海、新疆、宁夏等地区。

当然以上仅仅是一种猜测，真实的历史流源，还需要日后更多的发现才能加以研究，但是无论如何有一点是明晰的，那就是在清嘉庆年间，少林撕拳、炮拳已经较为广泛地在兰州地区流传开了，并成为兰州地方武艺的代表。

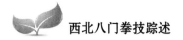

八门步势之含义

　　八门拳技传世有八门拳步势图及八门步势图诀。对于八门拳步势图，1990 年人民体育出版社出版的《八门拳术》及 1992 年北京体育学院出版社出版的《炮拳·九环捶》这两部著作均有详细介绍，但介绍中并没有讲具体含义。在八门拳各家口传传授中，有八门步势图诀的流传，一些民间手抄本中也有记录。2018 年甘肃教育出版社出版的《八门拳总谱》里，以"八门步势图歌"为名进行了收录，但也没有明确八门步势图诀的含义。

　　对于八门拳步势图及八门步势图诀，首先要消除内外家的割裂说法。八门拳技没有黄宗羲首创的内家、外家之分，八门拳技主张内外兼修，有内功、外功的区别，在练习上区分为内场和外场，这里或许黄宗羲区分的内家和外家，在古语里此"家"字，真就是指门庭，即藏在家里练的，和走出家门后练的，并非民国时期唐豪的理解。八门拳技内功以行气、引导、吐纳、活络、凝神、聚力等内在修炼为主，以修炼五脏六腑、五经六脉为重。外功以闪展腾挪、翻腕叠打、翻颠倒插等外在练习为主，以修炼筋骨皮肉、三节四梢、整体协调为重。内场是以隐秘、不予示人的习练方式，以前主要是在自家庭院、清净庙堂、深山密林等僻静处练习。外场是以公开、演示、祭祀等的对外方式演练，以前主要在集市、庙会、法事等公众活动中表演。

八门步势不像套路趋势那样编排来回路径，所以其不属于套路的内容，而与"太子上殿"一样，是属于八门拳技内场的练功方法。

一、八门拳步势图

八门拳步势图亦称八门步势图，来源于中国古代术数奇门遁甲。

民间传说远古时期蚩尤作乱，黄帝屡战不胜，于是九天玄女给轩辕黄帝传授了奇门遁甲术，黄帝借此奇术一举歼灭蚩尤。根据此传说，奇门遁甲创始人被认为是九天玄女。

从古籍记载来看，最早明确记载奇门遁甲的古籍是晋代《抱朴子》，该书由葛洪编著，但从"爻""卦""易""阴阳"的起源看，古籍中最为著名的是《周易》（来源于远古易经），书中对年代的描述可追溯到黄帝或伏羲时期。在考古出土证明上，已经证明"爻"及其阴阳理念，早在距今 8000 多年前就已经存在，所以奇门遁甲的起源具有悠久的历史，也是中华民族为人类文明发展作出的重要贡献。

奇门遁甲的含义非常烦琐，但在八门拳步势方面，主要是以下几方面内容。

"奇"是指三奇，即乙（日）、丙（月）、丁（星），亦有天地人三才之意。八门步势除日、月、星、天、地、人这些大势的把握以外，突出的是在上中下、左中右的三奇。

"门"是指八门，即休、生、伤、杜、景、死、惊、开，有生门、死门、中平门的划分。生门，即开、休、生；死门，即伤、死、惊；而杜、景为中平之门。在八门步势中，将杜门归为死门，景门为中平之门，暗含各招式、步点、"窝子"（兰州方言，大意与基点类似）的生死变化。

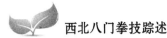

　　"遁"即隐藏、隐秘，亦有遵循、寻遁的理念，有阳遁和阴遁的区别。八门步势的阳遁和阴遁包含里外皮、前后势、虚实换的内容，在真真假假、隐秘莫测的过程中把握机会。

　　"甲"指六甲，即甲子、甲戌、甲申、甲午、甲辰、甲寅，"甲"在十干中最为尊贵，它藏而不现，隐遁于六仪之下。

　　"遁甲"是指六甲旬首遁入六仪，六仪即"戊、己、庚、辛、壬、癸"。

　　天干地支二十八星宿是奇门遁甲中的重要内容，其中天干在奇门遁甲中占据主导地位。天干，即甲、乙、丙、丁、戊、己、庚、辛、壬、癸；地支，即子、丑、寅、卯、辰、巳、午、未、申、酉、戌、亥。八门拳技中的撕拳、炮拳，就有天干撕拳和地支炮拳的区分。

　　奇门遁甲除以天、地、人三盘象征三才以外，讲求天时、地利、人和的同时，辅以神助、格局的变化。

　　天时，奇门遁甲中以九星代表天时，九星即天心星、天蓬星、天任星、天冲星、天辅星、天英星、天芮星、天禽星、天柱星。

　　地利，是指周围环境的影响，奇门遁甲中以九宫代表地利，九宫既乾、坎、艮、震、巽、离、坤、兑及中五宫。

　　人和，是指与人的关系，奇门遁甲中以八门代表人和，人和在于八门生死门的演变。

　　神助，奇门遁甲中以八神代表神助，八神是指值符（天乙贵人）、螣蛇、太阴、六合、白虎、玄武、九地、九天。

　　格局，即微妙变化和变化过程，格局组合即奇门遁甲的天、地、人、神、星、门、奇、仪组合结构，以十干克应，八门克应，星、门、奇、仪组合为代表。

　　由于传说中奇门遁甲由九天玄女创始，而八门拳步势的基础又是奇门遁甲，因此兰州及其周边地区，不少的民间庙宇供奉着九天玄女。最具代表性的是兰州封手门所在地，上门墩村村庙里供奉的主神就是九天玄女天尊，且村子里代代相传九天玄女天尊为战神。

图1　奇门遁甲对应的八门拳步势图

八门拳步势图对八门拳技的理论支撑，除了《八门宗略》记述的混元、两仪、三盘、四象、五行、六爻、七政、八门以外，在内场习练方面，主要是太子上殿功法。太子上殿功法分为定练式和动练式，定练式亦称"小生子"法，动练式就是俗称的"老生子"法。

"小生子"法中，如前文《八门拳技之"八门"》里"奇门遁甲八门九宫吉凶图"所示，习练者主要站位在"休、生、开"三个生门，习练拨云见日、辘轳换肩、老汉取柴、开弓搭箭、燕子吸泥、双挑袍、虎劲头、搬拦式、坐虎式、汤平式、四平式、金鸡独立式、立马跨蹬式，合计13式。

太子上殿功法动练式"老生子"法按照"奇门遁甲八门九宫吉凶图"所示，以左右进退的活步进行习练。左进退以"休、生、伤、杜"四门为走位，经历两个生门和两个死门的过程。右进退以"休、开、惊、死"四门为走位，

也是经历两个生门和两个死门的过程。左右进退围绕九宫正中的"井"展开，目标遁查"景"门的变化。

太子上殿可以贯通撕拳、炮拳内的所有招式，左右转换以辘轳换肩、插生式、鹞子翻身、垛子腿等为基础。

太子上殿功法动练式"老生子"法依据的"奇门遁甲八门九宫吉凶图"，在撵拳或跑排子（双人对练）的练法中，也有相应的称谓。"休门"视为自己的"窝子"，"景门"视为对方的"窝子"，九宫正中的"井"称为"门子"（突破对手的门槛），左路和右路分别称为左梁子和右梁子，也可以称为外皮，从左梁子或右梁子向中路九宫，也可以称为打里皮。

如果"奇门遁甲八门九宫吉凶图"为固定图形，基本变化为左右各四种，合计八种。如果"奇门遁甲八门九宫吉凶图"随卦而动，则有八八六十四种变化，此即八门拳步势图更加巧妙之处。

"小生子"法练习以规矩为主，讲求意静、念动的撕扯劲力，不要求有意带劲，劲力要随着天长日久的练习自然上劲。"老生子"法以巧妙为主，讲求随机、变化的灵巧。

二、八门步势图诀

八门拳技的拳谱歌诀，往往因为传承门庭不同，以及传承时间长短，出现语句和措辞的不同，八门步势图诀也同样存在这个问题。

八门步势图诀

霸王举鼎胜三樵，轩辕执箭射金雕。

天王托塔愈单举，果老骑驴忙后瞧。

大圣醉酒灭怒火，周公行礼固邦交。

哼哈二将有神力，太上老君自逍遥。

以上八门步势图诀何时何人创编无从查起，笔者偶然从韩光明师傅处获得，当时韩光明师傅在谈及解延虎时提及了此谱，解延虎晚年对外宣称只练八段锦，而实则是八门步势图诀功法。此图诀每句开头都体现历史典故或民间传说，这也符合西北民间歌谣流传的特点，其传授的功法，也明确是八门拳技的内场内功功法，但因属于秘传功法，所以外人较少了解。此功法与其他传统流传的功法对比，与站立式八段锦极为类似。

"八段锦"歌诀在传承过程中，也有一些变化，目前流传较广的歌诀，一个是少林、武当"八段锦"歌诀，其出自清末《新出保身图说》。另一个是台湾故宫清光绪宫廷藏本的"八段锦"歌诀，两个歌诀最大的区别是个别语句的顺序差别，造成第五、六、七、八式的顺序不同。如果从内功练法"弱→强→弱"的过程来评价，台湾故宫清光绪宫廷藏本，后四式顺序明显不合法理，而少林、武当"八段锦"歌诀就显得合乎法理，且这个顺序也与八门步势图诀的顺序相同。

少林、武当"八段锦"歌诀

双手托天理三焦，左右开弓似射雕。

调理脾胃须单举，五劳七伤往后瞧。

摇头摆尾去心火，两手盘足固肾腰。

攒拳怒目增气力，背后七颠百病消。

甘肃教育出版社出版的《八门拳总谱》里也收录了八门步势图诀，此歌诀如果用兰州方言来读，一些文字记录的差别会一目了然，而其余语句的差异及顺序的不同，应该是传承中的变化，或也有个别属于讹传，但总体来说，从包含有方言的真实记录来看，依然是与"八段锦"歌诀极为相

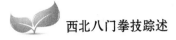

似的歌诀。

《八门拳总谱》里的八门步势图诀

霸王举鼎两肋叫，左胆右肝四色叼。

飘里飘外玉丹举，双手扳腰壮腰力。

周公施礼三遍行，五劳七伤往后瞧。

摇头摆尾去心火，心点了饭饮食消。

《八门拳总谱》的图诀中，"四色叼"疑似兰州方言"似射雕"的读音，"玉丹举"疑似方言"愈单举"的读音，而"心点了饭饮食消"估计应该是"背后七颠百病消"的讹传。

"八段锦"亦称导引术，在我国不同朝代又有不同的称谓，据推测起源于远古时期，也是中华民族为世界文明作出的重要贡献之一。

最早以"八段锦"为名进行记录的古籍，是南宋时期洪迈撰写的《夷坚志》，书中记录有"似炬素于声色薄，多独止外舍，效方士熊经鸟伸之术，得之甚喜。自是令席于床下，正熟睡时，呼之无不应。尝以夜半时起坐，嘘吸按摩，行所谓八段锦者"。

据说自宋代开始，"八段锦"存在两种练式，钟离八段锦是坐式的典型代表，"吕真人安乐法"或"吕祖八法"是站立式八段锦的典型代表。

另外，从1972年长沙马王堆出土发现的"导引图"来看，导引术至少在汉代就已经非常完善了，它适合于男女老少，可使瘦者健壮，肥者减肥，具有非常好的祛病健身的效果。

图2 根据长沙马王堆导引图复原的导引术

八门步势图诀里面的一些功法，在依据八门拳步势图进行习练的太子上殿功法里，也有类似的练法。比如"轩辕执箭射金雕（左右开弓似射雕）"与"小生子"法开弓搭箭类似，"大圣醉酒灭怒火（摇头摆尾去心火）"与"小生子"燕子吸泥类似，但在八门步势图诀的功法里，运动幅度没有太子上殿"小生子"功法的幅度大。

尽管八门步势图诀与八段锦在歌诀上极为接近，甚至可能就是同一种功法的差异练法，但八门步势图诀功法，依然与八段锦存在很大的不同。八门步势图诀功法在进行导引术练习的同时，需要强调眼力的训练，练功前首先需要在前、后、左、右、上五个方向各确定一个目标点，初练时目标点可以是星光、花朵、墙砖、小树等较为明显的物体，练出一定功力后就以树叶为主，且所选树叶也是随功力增加越来越小。训练中每一式都有眼盯目标点的要求，以达到眼力训练的目的，八门拳技轻功介绍中提到的"眼力练习"之"动态练习"方法，就属于八门步势图诀中简化的一种练法。由此可知，所谓八门步势图诀，严格意义上讲更应该称为"八门布视图诀"，在方位方面重点在于眼力训练。

此外，八门步势图诀中"哼哈二将有神力（攒拳怒目增气力）"，更是强调力量的训练，在一松一紧的训练过程中，达到人体整体发力的目的。

再有"太上老君自逍遥（背后七颠百病消）"实际含有脚下趾力的训练，即脚跟抬起时，要求脚前掌脚趾扣抓地面，腿部内侧裹劲，达到人体下盘稳固的目的，八门拳技轻功介绍中提到的"提根"练法，也是从八门步势图诀中简化的练法。

需要明确一点，八门步势图诀功法与时下一些类似于广播体操拍节的八段锦练法截然不同。两者虽然动作接近，但八门步势图诀功法中没有节拍，强调行云流水、自然而然。各式在过渡中，根据个人气血、筋骨、意念的感觉，伴随有"抱圆守一"（或称捧气贯顶、混元桩）的调整，以达到天人合一、自然而然的效果。

最后，结合《韩光明传授八门拳流源初探》一文进行一些猜测。《韩光明传授八门拳流源初探》一文中介绍了八卦教内分为文、武两场："文场之徒众称为文弟子，习运气练功，不许退教；武场之弟子称为武弟子，习拳棒功夫，可半途退教，称为太平去。"从八门拳技来看，尽管没有文、武两场的划分，但假如八门拳技确实与八卦教有一定关系，那么八门拳步势图及八门步势图诀，甚至包括太子上殿功法，可能就是类似于八卦教文场弟子习练的内容。

"常爷"是谁？

甘肃地区民间历来存在一个称谓方面的习俗，当讲述先辈或德高望重的前辈的时候，忌讳直呼姓名，而多以姓氏后加"爷"来称谓。有时为了区别，中间还会加上排序的数字。比如武艺界称谓的陈五爷、陈七爷、杨八爷、马四爷等。伴随这个习俗的流传，久而久之，在非常熟悉的圈子里，后辈们津津乐道各位爷的传说事迹时，却并不知道这些爷的真实姓名。这个忌讳直呼姓名的习俗，造成一些无据可考的民间传说故事所对应的真实人物五花八门。比如"常爷"的传说，有关于"常山赵子龙"为"常爷"的说法；有明朝开国大将常遇春为"常爷"的说法；有伊斯兰常巴巴为"常爷"的说法；还有干脆不知道是谁的"燕山常爷"的说法；更有鬼怪地府黑无常、白无常为"常爷"的说法。

其实不仅对于现实人物有这样的称谓风俗，甘肃地区对于民间供奉的地方官神，也常常具有这样的风俗。地方官神一般是朝廷敕封、地方官下谕迎请、乡绅致祭的神仙，因此很受地方百姓的尊崇。有研究整理的资料显示，西北地区民间供奉的地方官神有杨四爷、白马爷、八蜡爷、显神爷、大圣爷、九龙爷、泰山爷、马王爷、牛王爷、狗头王爷、城隍爷、灶王爷、土地爷、老君爷等，民间将这些官神都尊以"爷"来称谓。

甘肃临洮、渭源、临潭等地区，民间流行着对"八位官神"的供奉和祭拜。临洮的"八位官神"是常爷、金龙爷、濂洞爷、显神爷、大郎爷、二郎爷、白马爷、索爷，其中关于常爷的说法就流传有两种说辞，一说是明朝开国大将常遇春，一说是蜀汉名将常山赵子龙。其实不论是常遇春，还是赵子龙，民间祈求神灵保佑地方风调雨顺、国泰民安这个美好愿望是寄托在"常爷"这位官神上的，而"常爷"具体是谁已不重要了。至于有人非要将此"常爷"说成伊斯兰的常巴巴，那么塑身立庙、供人祭拜的风俗，也与伊斯兰的教规相差太大，故此说不足为信。另外，临洮"常爷"的封号是"敕封镇守西海三边总督顺廷侯洮州冶力常山大王"，如果"常山大王"再和汉代常山国郡主常山王牵连，那么这个"常山大王"就涉及张耳、刘不疑、刘舜、刘昺、刘侧等历任常山王，这里除张耳以外，按照姓氏来看，这个"常山大王"实际也应该被称为"刘爷"。

在八门武艺传承方面，"燕山常爷""常爷"不论是常巴巴，还是常遇春，其实二位跟兰州地区并没有多少关系。常巴巴是否来过兰州，只能推测他9岁时可能路过兰州，而之后是否来过兰州，无法明确考证。常遇春肯定没有来过兰州，因为在徐达的部将冯胜征战王保保的时候，常遇春已经病逝于元朝上都开平城内，徐达还因此赶往参加他的葬礼，没有参加收复兰州的战役。

武艺方面与兰州存在渊源，并且在姓名上也容易引起百姓混淆的恰恰是清朝道光年间陕甘总督杨遇春。杨遇春于道光八年（1828）至道光十五年（1835）任兰州陕甘总督，其也是担任陕甘总督屈指可数的汉族官员。杨遇春在任陕甘总督前，于嘉庆五年（1800）任甘州提督，于嘉庆七年（1802）任固原提督，这些都是与甘肃有直接关系的任职。据史料记载，杨遇春（1760—1837），字时斋，清四川崇庆（今崇州）人，武举出身，清朝名将，道光十五年（1835），年老辞官返乡，道光十七年二月二十八日（1837年4月3日），病逝于成都南门外"望禾亭"别墅，终年七十八岁。

最后再来看时下传抄的《常燕山原语》记载："常巴巴曰：拳者，防身之术，非闯祸之技。余遍游四海，见有出类超群之才，尽乃儒子书生耳。余视人之狂劣，则不传余之艺。人之善良，尽所学而授之。莽性之人，不通一艺就能惹祸亡身，若授以艺技，则足招灭门之祸矣。授之善良，非但保身延年，亦可名登紫府，显荣父母，光耀妻子。岂可忽略传之也。"从以上原文可以看出是一种忠告或警示的内容，那么以此认为是常巴巴来兰州传授了撕拳、炮拳或者八门拳，这也太过于一厢情愿了！古人搬出圣贤的说辞，或者假托圣贤的口气，作为书籍的序或引文，往往并不代表整本书籍就是这位圣贤写的。如果将此文中的"常巴巴曰"用白话文解读为"某某某教导我们"，由此来定性这个"某某某"就是这个手抄本的作者，或者是这门武艺的开创者，这显然是不合适的。况且"常巴巴曰"或者"巴巴曰"等用语，也是我国历史上回族经堂教育的常用语，这与《论语》中的"子曰"类似，即与《论语》普遍用了"子曰"，但并不代表《论语》就是孔子编著的道理一样。所以出于多个方面的特点分析，所谓《常燕山原语》，用现代白话文来定性，更应该称之为《常燕山语录》，而用此来佐证是常燕山开创了八门拳，显然不具有任何说服力。

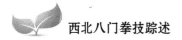

至善禅师辨伪再考

一、概述

　　至善禅师是福建少林拳与"岭南五大家"的开门祖师，门下拳种包括南拳、洪拳、蔡李佛拳、莫家拳、刘拳、五祖拳、永春白鹤拳、白鹤拳、虎形拳、狮形拳、龙尊拳等众多南方著名拳种，且由于这些拳种广泛流传于我国南方以及海外地区，因此对中华武艺的传播与发展具有重要的影响。尊至善禅师为始祖的武艺流派，仅清末时期的著名人物就有洪熙官、黄坤、郭转、黄麒英、张炎、陆阿采、胡惠乾、谢亚福、童千斤、烂头何、黎伯符、方考玉、方世玉、黄飞鸿、方永春、谭均义等，而且伴随影视作品的渲染，诸如方世玉、黄飞鸿、洪熙官、至善禅师、白眉道人（武当派）等影视人物也已是家喻户晓。

　　西北八门拳派关于至善禅师的传说，推测主要是一些门派关于天启棍起源的讹传，此说法声称在清乾隆年间，少林寺因从事"反清复明"活动，遭到朝廷镇压，寺庙也被焚毁，少林方丈至善（智善）禅师逃难到甘肃固原（今宁夏固原），在天齐庙内传授了棍法，依此流传的棍法称为天启棍。

此说在方汝揖先生《天启棍·概述》里已经进行了驳斥，这里不再赘述，仅需要补充一点儿近年来《西山杂志》的内容。《西山杂志》记载，乾隆二十八年，诏焚少林寺以前，至善禅师已死，如果该记录属实，那么就不存在至善禅师逃难到甘肃固原一说；如该记录不实，那么《西山杂志》里有关至善禅师的记录也就是虚假的。

二、关于《西山杂志》里的至善禅师

《西山杂志》里关于至善禅师的讲述主要有两处。

第一处论述是："明朝万历时东石武庠生蔡延赓，少时从少林寺僧志明，学得十八般兵器法，技击高超。南邑（南安县）人冯安，从蔡延赓学也。冯安门人有黄眉、白眉、冯道德，而五梅、苗显、至善、了凡、了因则其徒侄也。"这个论述里表明至善是冯安的徒侄，冯安是蔡延赓的徒弟。

第二处论述是："少林寺至善禅师一死，尚不能保少林梵宫。乾隆二十八年秋，诏焚少林寺，此即乾隆之比王仁则更残忍，少林寺从兹无复敢修者。"这个论述里表明至善禅师于乾隆二十八年前亡故。

据推测，《西山杂志》成书于清嘉庆年间，由晋江东石人蔡永蒹编写，以手抄本形式流传。《西山杂志》因其内容的反清特性，在清代始终没有公开是很正常的，但到民国时期，甚至新中国成立以后，不知何故该书也始终没有公开，因此也就始终不为世人所知，一直到1990年发现《西山杂志》民间手抄本时，该手抄本也仅是1982年手抄成书的现代抄本，很难探究所谓清代嘉庆版的原貌。尽管研究的人确信蔡永蒹与天地会等秘密教会没有关系，以撇清《西山杂志》与被史学界否定的天地会会薄所述西鲁故事的关系，但还是难以证明后续传抄的人，在至善禅师的叙述上是否受到了天地会的影响。

此外，针对《西山杂志》内"乾隆二十八年秋，诏焚少林寺"的记载，根据现有资料和考古勘察考证，不论北少林寺，还是众多的南少林寺，都不存在乾隆二十八年秋诏焚少林寺的事实。相反，这个记述与天地会会簿的记录极为接近，并且《西山杂志》形成于嘉庆十三年的推测，也与现发现最早的天地会会薄姚大羔手抄本形成年代相同，甚至有研究认为姚大羔本会薄还略早于《西山杂志》，因此，将《西山杂志》的记述作为一些民间传说故事的佐证，并不是严谨的学术研究的态度。

三、至善禅师在武艺范畴内依然难以明确考证

至于至善（智善）禅师是否真有其人？1990 年徐才主编《武术科学探秘》一书中收录的方汝揖先生《至善辨伪》的文章，将至善禅师定义为"是出自小说《万年青》的杜撰"，也是《教会流源考》和《少林拳术秘诀》的臆造和以讹传讹。

其实，考证到最终源头上，假如将那些与民间传说或秘密教会宣扬相吻合的内容都定性为"待考"的话，那么近现代以来，所有武艺界关于至善禅师的说法，都是没有有力证据来查证的，由此也就难免让人疑惑至善禅师是否存在。

比如广州光孝禅寺的历史介绍，"明万历二十六（1598 年）高僧憨山大师，在光孝寺讲《四十二章经》，提倡禅净双修，重修殿宇；明崇祯十五年，天然和尚住持光孝寺发起重修殿宇，修兴古迹；清乾隆年间至善禅师驻锡光孝寺，传武艺名噪一时；清光绪年间，铁禅和尚得光绪帝赐'清修忠恺'匾"，上述 4 个事件中唯独"清乾隆年间至善禅师驻锡光孝寺，

传武艺名噪一时"的说法来源于天地会传说属于待考,其他都是有明确记载的史实。

再比如郭转的生平介绍:"郭转(1722—1791),清乾隆时海陆丰人,粤东雷家教的传人,清乾隆六年(1741年),20岁的郭转在福建莆田九莲山南少林寺,被南少林寺方丈至善禅师收为俗家弟子,与同期的莆田的王铁手、汕尾乡的莫遮蛟、石洲的王绍良和陆丰西山的曾埔胄等人并称为南少林至善禅师八大弟子,至善禅师是河南嵩山少林寺主持朝元长老的大弟子。"在以上生平介绍中,除了福建莆田九莲山南少林寺经近代考古发现基本属实外,其他均多有不实之处,出生日期1720年或1722年难以明确,"河南嵩山少林寺主持朝元长老"的说法,竟然也是出自1929年出版的《甘凤池拳谱·甘凤池小史》中的传说,而民国时期,借助国府南京的地域优势,后人给甘凤池赋予了太多虚浮内容,多有不实。

至于广东黄麒英尊南少林至善禅师为祖师,将其洪家拳传黄飞鸿;佛山张炎尊南少林至善禅师为祖师,在1876年接掌佛山鸿胜馆,教授蔡李佛拳,等等,这些记录也是尊南少林至善禅师为祖师,此至善禅师与广州光孝寺记载的至善禅师是否是同一个人,而且是否脱离了天地会的传说也不可考,这些还都有待于进一步研究。

四、历史上真实的至善禅师

虽然说至善(智善)禅师在武艺领域无法明确考证是否存在,但在武艺以外,历史上还确确实实存在至善(智善)禅师,只是至善禅师不在广州光孝禅寺,也不在南少林寺,而是在江西九江庐山的海会寺。

据清同治《星子县志》记载:海会寺在县北二十里。"明万历戊午（1618 年），僧西来建，国朝嘉庆丁丑（1817 年），僧旦云重修，咸丰年间兵燹后，僧至善与徒惺吾重建。"1912 年高鹤年编写的《名山游记》关于庐山海会寺的记载："此寺新建，近四十年，开山乃至善长老，净土宗之伟人也，师俗姓唐，江苏东台人。"1934 年吴宗慈编写的《庐山志》关于庐山海会寺的记载："寺在五老峰下，背五老峰，面鄱阳湖，距牯牛岭三十五里，清光绪间僧至善募资重建。"以上史籍明确了庐山海会寺至善和尚（僧至善）以及至善长老俗姓唐，江苏东台人。

对于庐山海会寺至善禅师的记录，康有为更是有明确的记录。清光绪十五年（1889），康有为第一次登庐山，在海会寺拜见了已经 70 岁高龄的至善大和尚，两人彻夜深谈，相见恨晚，康有为事后曾作《夜宿海会寺赠至善上人》一诗留念，并称赞至善大和尚"至善禅师，高行耆年，与吾契合"，这也明确了对大和尚以"至善禅师"称呼。这段往事，同时揭露出 1889 年至善禅师 70 岁高龄，那么他的出生日期应在嘉庆二十四年（1819）左右。民国七年（1918），康有为再次来到海会寺时，至善禅师已归西，但见到自己所题《夜宿海会寺赠至善上人》诗作依然挂在墙壁上，不胜感叹，唏嘘再三，深深怀念这位为人忠厚"善行绝古"的老朋友。

有关康有为与至善禅师的这段友情，胡适的《庐山游记》一文中有这样的记载："寺中有康有为先生己丑（1889 年）题赠至善诗的真迹，署名尚是'长素康祖诒'……至善临终遗命保存此诗卷，故康先生戊午（1918 年）重来游作诗很有感慨，有'旧墨笼纱只有哀'之语。后来他游温泉，买地十亩，交海会寺收管，以其租谷所入作为至善的香火灯油费。"

至于至善禅师何时来到庐山海会寺？从庐山海会寺的记录以及中国佛教协会前名誉会长虚云大和尚的记录来看，明确是清同治五年（1866），也就是说至善禅师大约 47 岁时来到庐山海会寺，并于光绪年间化缘主持重修了海会寺。虚云大和尚出生于道光二十年（1840），清光绪十五年（1889），50岁的虚云大和尚从湖北宝通寺启程，第一次来到庐山朝礼海会寺，跟随至善禅师参学华严宗。作为至善禅师的弟子，虚云大和尚的记录是最直接有力的证明。

以上史籍记录比较遗憾的是没有关于至善禅师到庐山海会寺以前的记录，也就是说同治五年（1866）以前，至善禅师至少有30年的人生轨迹无处查考。此外，从佛教人物史记以及九江地区的历史来看，均没有海会寺至善禅师与武艺之间关系的记录，且九江地区自古流行的武艺，也看不出与福建少林拳、"岭南五大家"、西北八门拳派有什么关联之处。

晚清小说《乾隆下江南》，原名《圣朝鼎盛万年青》，又名《万年青奇才新传》《乾隆巡幸江南记》《乾隆游江南》，较早的版本是光绪十九年（1893）上海五彩公司石印本，作者为清代无名氏，李道英、岳宝泉点校。民国上海日新书局石印版记录，"作者清无名氏撰，始作者为广东人，上海书贾续成之。"从小说的成书年代光绪年间到民国初年来看，也是庐山海会寺至善禅师生活的晚年时代，假如始作者真为广东人，那么这或许与同为广东人的康有为有一定关系。特别是海会寺背靠庐山五老峰的独特风貌，与"岭南五大家"的流传，不能不说是巧合，或许也是一种暗示。

对于手抄本《西山杂志》和一些天地会会薄出现至善禅师的叙述，而真实的至善禅师却出生于清嘉庆二十四年（1819）左右，这极有可能是民间手抄本在后续传抄中添加的内容，而年代最有可能是清光绪十五年（1889）康有为见至善禅师之后，以康有为在清末的影响力，至善禅师的名头被世人所知也是自然而然的事情。

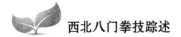

五、至善禅师与西北八门武艺的关系

庐山海会寺至善禅师是否精通武艺？史籍中不可考，更多迹象表明至善禅师仅仅是忠厚善行僧者，然而至善禅师在同治五年以前至少30年的行踪不明，也让一些事情扑朔迷离，存在悬念。但其实不论史籍记录怎么存在悬念，流传的文化与非物质文化，同祖同宗之间必然存在传承的烙印，这就像DNA上的遗传信息一样，是永远也无法抹杀的。

假如作为我国南方武艺推崇的祖师至善禅师在西北传了天启棍，那么在武艺方面必然会存在很多共同之处，但实际上八门武艺的棍法与南方流传的棍法差别很大，最明显的八门武艺棍法是双头棍的特点，而南方棍法多为单头棍法。在徒手方面，除封手门最初的武艺明确来源于福建，与南方武艺特点具有相似之处以外，更多的八门武艺的徒手武艺，却是与北派少林、陕西红拳，以及山西形意门派具有更多的相似点，这个历史传承的烙印也能充分表明，至善禅师在西北传天启棍的传说，仅仅是一种假托的传说，因为门内的人几乎没有不知道的，天启棍是河州"王大脚"尊师从山东来的僧人那里学得的。

飞钹禅师和飞钵禅师之初考

一、初考之意由来

如至善禅师一样，我国南方部分武艺门派，传说中还有飞钹禅师和飞钵禅师传拳创派，同时与飞钹禅师和飞钵禅师有联系的创派宗师，还有个铁臂和尚。传说中铁臂和尚也是少林高僧，他生活的年代也恰是清朝雍正、乾隆年间，这就难免让西北八门拳学者产生联想。

西北八门拳由兰州辐射西北，据传是由清康、乾年间少林寺蒙难高僧铁臂刘爷传到甘肃，对于处于同一个时代，来自同一个地方、同一个庙宇，同样又都是铁臂的铁臂和尚和铁臂刘爷会是什么关系呢？可能会是同一个人吗？假如是同一个人，或者同一师门，可为什么西北八门拳与南方拳系差别如此之大？由于存在众多的疑问，因此有必要对传说的源头加以考证，这就不可回避地涉及了飞钹禅师和飞钵禅师。

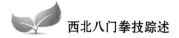
二、武艺门派传说典故节选

（一）龙尊拳派

据清末福建龙尊宗师余让达（字祈贤，古田杉洋人）所遗拳谱记载："清康熙年间，河南开封府少林寺飞钹禅师、铁臂、铁杖、铁柄、杨本信、铁珠、铁鞋以及黄衣真人、吴申仙等为学习各种股肱拳法，研究练真。清雍正年间，此拳种由福建少林寺和尚铁珠传于该寺僧人仙游人朱山（字世德），后隐匿于古田县南洋村、利洋村、杉洋村等地。朱将龙尊拳法密授村民，在南洋村传彭德成、男金山等；在杉洋村传瑶先生、余贵俤、余祈贤、崔达年、熊为钰等。杉洋人余祈贤在继承龙尊拳法基础上加以文字总结并且广泛传播，后由各宗师发扬光大，将龙尊拳传播到八闽大地。"

（二）《福建南拳的渊源、流派和特点》记述

1982年《福建体育科技》第一期发表了洪正福先生的文章《福建南拳的渊源、流派和特点》，文章有如下记载："外家拳是在雍正时期，铁珠和尚在河南嵩山少林寺被毁后逃到福建来授拳的。铁珠是铁杖的弟子，他有四位师兄弟，大的名铁柄、第三名铁鞋、第四为铁云，铁珠排行第二，铁杖原是河南嵩山少林寺当家，他是达摩和尚弟子飞钵和尚的门徒，共有师兄弟三人，大的名铁臂和尚，第二为铁杖和尚，第三为杨信本（未出家的）。铁臂为河南金光寺住持；杨信本是雍正皇帝的军师。雍正曾从铁臂学习武艺并未出师。后因和僧家铁珠、铁柄比武失败，听从杨信本之言，火烧河南嵩山少林寺。铁柄潜逃北平，铁珠逃来福建，先是到南安县，得到安海（人名）的资助，便到闽侯县青铺泉地方卖艺授徒，传授外家拳。

金狮罗汉、龙拳、虎拳等。据说这种拳符南方人的体格和兴趣。后传少林拳，说是适应高大者的要求。再后又传少林三杵（指三种马裆姿势）及舞狮等，这些拳种至今多在民间流行。"

三、"飞钹"和"飞钵"的本意

钹，又称铜钹、铜盘，民间称镲，属于打击乐器，击奏体鸣乐器的一种。中国古代把铜钹、铜铙或铜盘、镲等，统称为铙钹。在中国古代的元朝，官员的帽子被称为钹笠，也是因其形状像钹。钹也是道教、佛教做法事时常用的法器之一。

图 1　铜钹（铜镲）　　　　图 2　元代钹笠

"飞钹"是以钹进行的一种表演技巧，这种表演不仅在道教、佛教中存在，而且存在于民间民俗文化中。

道教"飞钹"表演是中国道教音乐的组成部分，其主要功能有娱神和辟煞。娱神能使昭告的天将、神仙欢乐，将祈愿者的名字与心愿上报天庭。辟煞是辟掉晦气、煞气，使人不入邪门、不入地狱、不入病疫之灾，逢凶化吉，能给祈愿者带来好运。道教"飞钹"表演以苏州玄妙观最为著名，据说玄妙观"飞钹"表演起源于明朝永乐年间，具有悠久的历史。

佛教"飞钹"表演据说由"飞钹罗汉"而来。在十八罗汉当中，有一名"飞钹罗汉"，也叫"飞钹尊者"，他不但是佛祖的得意弟子，还有一手绝技，能使铜钹在他手中飞来飞去，出招变化各种动作。据说"飞钹罗汉"手中的铜钹也叫日月钹，掷高有拨云见日的寓意，是超度死者的一种祭奠仪式。

民俗中也有掷铙钹的"飞钹"杂技表演项目，与杂耍、耍猴等卖艺类似，过去常在集市、庙会等人多处表演，表演过程中收取钱粮，兼顾售卖都称为祖传的狗皮膏药、接骨膏、大力丸等。

钵，又称钵盂，是洗涤或盛放东西的陶制器具，形状像盆而较小的一种略微收口的生活用具，可用来盛饭、菜、茶水等，近现代的文人又做笔洗之用。道教、佛教中，过去一般泛指盛装食物的器皿，有瓦钵、铁钵、木钵等，出家人常用钵出门化缘，但钵只能装食物，不能装钱财。随着历史的发展，现在的钵已经多为金光闪闪的铜钵，用途也已经成为供案上的打击法器，这大概是劝告世人食之不易吧！"一粥一饭，当思来之不易；半丝半缕，恒念物力维艰。"

图3　彩陶钵　　　　　　　　图4　铜钵

"飞钵"主要来源于神话故事，在神话小说《白蛇传》中，法海使用金钵法器，"飞钵"将白娘子压在雷峰塔下。现实生活中，"飞钵"的含义，实际往往指的是"飞钹"。

由于现实生活中，"飞钵"和"飞钹"是混淆了的同一种技巧，因此，飞钹禅师和飞钵禅师的传说，也有混淆的可能。

四、飞钵禅师初考

查考虚云大和尚主编的《佛祖道影》，飞钵禅师，"明·戒台知幻律师"，戒台寺位于北京市门头沟区的马鞍山上。《佛祖道影》记录如下：

"师，江浦蒋氏子，世称飞钵禅师。年三十出家，于金陵灵谷。圆具参方，自誓：'此行不踏曹溪路，不敢回头见故乡。'参无字话，发明心地。正统间北游，诏赐紫衣，勅建戒坛，命师开法。四月传戒，岁以为常，师顶额隆起，帝见奇之。呼为凤头祖师，师应声曰：'亦鹅头耳，敢附凤邪。'"帝益美其谦德，赐号'万寿'，赞曰：易说难行，戒为道本，继武南山，脚跟密稳；狗子性无，不涉唇吻，额有圆珠，风神凝远。"

佛教宗师记录表明，历史上飞钵禅师确有其人，他是明朝正统年间行游至北京戒台寺的高僧。明朝正统共计 14 年，起止时间为正统元年（1436）至正统十四年（1449），这个年代与清康熙元年（1662）最少也要相差 213 年，那么飞钵禅师传弟子铁臂和尚、铁杖和尚和杨信本；铁杖和尚再传铁柄、铁珠、铁鞋、铁云等和尚，如此传续要经历 213 年以上，绝无可能。

五、飞钹禅师初考

《厦门佛教志》（《法空禅师传》）记载，法空禅师，别号隐樵，又称"飞钹和尚"。清光绪四年（1878）生，民国二十五年（1936）三月，法空禅师于妙释寺圆寂。

光绪十九年（1893），16 岁的法空禅师在仙游枫亭会元寺落发为僧，后移福州鼓山涌泉寺。时人因其善弄 30 多斤重的飞钹，故称其为"飞钹和尚"。

"飞钹和尚"后来到马来西亚槟城兴建观音寺，随后还创办了一家动物园马戏团，曾在英国女王生日活动中，被邀请表演。

民国二十年（1931），法空禅师将一般动物就地放生，满载珍禽异兽回国，驻厦门妙释寺。后因寺院豢养禽兽，以及自我折磨修行之"奇行瑰节"，受到僧众的反对。此时省城要办动物园，法空遂留下老虎、狮子、猴子、白孔雀等数种动物，其余赠送给省政府，并协助动物园培训驯兽马戏人才。

法空禅师的书法也相当好。用弘一法师夸奖的原话是"其得之者，珍逾球琳"。他曾经在民国二十二年（1933）书写《南普陀寺水池区建筑记》，镌于五老峰兜院巨岩上。

由《厦门佛教志》记载可知，佛教中的飞钹和尚，是清光绪三年（1877）到民国二十五年（1936）的历史人物，此与传说的康熙年间的飞钹禅师在时间上相去甚远。假如康熙年间不存在飞钹禅师，那么假托的飞钹禅师，可能就是晚清到民国的人物，当然，清早期是否存在飞钹禅师，还需要更深入地考证。

六、文学作品中的虚构人物

（一）《三宝太监西洋记》中的飞钹禅师

明代万历年间罗懋登创作的小说《三宝太监西洋记》，又名《三宝开港西洋记》《三宝太监西洋记通俗演义》，简称《西洋记》。作者借明代永乐年间郑和七次奉使西洋的史实描绘成神魔小说。在小说第七十四回"佗罗尊者求师父 铙钹长老下云山"中，对飞钹禅师有如下描述：

尊者道："主上不必忧心，我如今有了一个杀退南兵之策？"番王道：

"是个甚么良策?"尊者道:"贫僧有一个师父,住在齐云山碧天洞,独超三界,不累五行。非贫僧夸口所言,我这师父能驾雾腾云,又能通天达地;能降魔伏怪,又能出幽入冥;也能驱天神,遣天将,也能骂菩萨,打阎罗;又能使一件兵器,使得有些古怪。你说是个甚么兵器?就是随身的两扇铙钹,一雌一雄。凭他撇起那一扇来,一变十,十变百,百变千,千变万。莫说只是一万,若是他使起神通来,就连天上地下,万国九州岛,尽都是些铙钹塞满了。只怕他不肯下山来。他若是肯下山来之时,砍那和尚的头,只当切瓜;断那道士的颈,只当撩葱。凭他甚么雄兵百万,战将千员,撞着他的就要去个头,粘着他的就要丢个脑盖骨。有一千,杀一千;有一万,杀一万;有十万,损十万;就有一百万,也要送了这一百万。且莫说一百万,假饶他天兵百万,神将千员,也只好叫上一声苦罢了。"番王道:"叫甚么名字?"尊者道:"因他这一对铙钹,人人号他做个铙钹长老。又因他铙钹会飞,人人又号他个飞钹禅师。"

(二)《说唐》中的飞钹禅师盖世雄

《说唐》,又称《隋唐演义》,是明末清初文学家褚人获创作的一部具有英雄传奇和历史演义双重性质的长篇小说,共二十卷,一百回。

褚人获,字稼轩,又字学稼,号石农,长洲(今江苏苏州)人。

由于《隋唐演义》流传的版本繁杂,描写飞钹和尚盖世雄的章回,也是多种多样。如"李靖施法破飞钹""李药师计败五王,高唐草射破飞钹""八阵图大败五王,高唐草射破飞钹"等,但故事的内容大同小异。

《薛丁山征西》源于《说唐全传》。今存最早刻本为清乾隆四十八年(1783)刊本十卷,六十八回,卷首有乾隆元年(1736)如莲居士序。上海古籍出版社排印的陈汝衡修订本《说唐》六十六回,系据乾隆年间刊崇德书院大字本《说唐全传》整理改写而成。

《薛丁山征西》第二十三回"唐天子驾回长安 宝同三困锁阳城"中描写道："主意已定，往前而行，只见前面一支人马下来，苏宝同吓得魂不附体，说：'前有伏兵，后有追兵，我命休矣！'相近时睁眼一看，原来是飞钹和尚、铁板道人飞奔而来。"

《薛丁山征西》第五十回"捆仙绳阵前收伏 救龟蛇二将腾空"中描写道："再言苏宝同，向日被二路元帅薛丁山杀的大败，同了铁板道人、飞钹禅师一起逃走。"

（三）《雍正剑侠图》中的铁臂和尚、铁臂罗汉

铁臂和尚，法名普照，长篇评书《雍正剑侠图》（又名《童林传》）中的人物，是主角童林的二师兄，使一对短把追魂铲，人称"长眉罗汉铁臂禅师"。普照带艺投师，拜在尚道明与何道源门下，二次杭州擂时帮助童林对抗北侠。

铁臂罗汉，法名法禅，长篇评书《雍正剑侠图》中的人物，人称"铁臂罗汉"，云南八卦山四庄主。法禅是塞北宣化府秋林寨白马关帝庙的和尚，拜"知机子"谷道远，后因心术不正，被除名，最后在玲珑岛战船上被北侠秋田失手误杀。

《雍正剑侠图》是民国初期京津地区著名评书名家常杰淼创作的长篇短打侠义评书，故事主要讲述童林别开天地，最终创立无极门的情节。当年常杰淼在北京、天津等地表演时，曾轰动一时。

《雍正剑侠图》中有大量真实的武术、江湖、绿林的描写，作者常引经据典，夹叙夹评，又熟悉老北京民俗与风土人情，能够"武书文说"，把剑侠图说成了学问书，雅俗共赏，广受欢迎。

常杰淼（约 1875—1929），民国时期著名评书大家，与许杰泉、张杰鑫合称"评书三杰"。自编《雍正剑侠图》连载于《新天津晚报》，风行一时，1929 年作者连载至"亮镖会"左右去世，后续内容由其弟子蒋轸庭在胞弟蒋轸龚及黄健声等数位作者的协助下继续编写，最终汇集出版单行本《童林传》。

（四）福建评话《少林寺》中的铁杖、铁柄、铁珠、铁鞋、铁云

在我国南方福建福州地区，曾流传有福州评话《少林寺》，福州市曲协前主席、评话史专家陈竹曦先生曾经很惋惜地说，福州评话《少林寺》已经失传。但非常荣幸的是近年发现了完整的福州评话《少林寺》，弥补了这个缺憾。

新发现的福州评话《少林寺》，是 20 世纪 30 年代上海书局石印的大量福州评话本之一，封面均为红色，俗称"红本评话"。评话《少林寺》全书是福州方言的通俗字，是地道的福州评话本，全书合计三本，第一本名《杨飞蝉》，第二本名《征少林》（又名《杨飞蝉二集》），第三本名《灭少林》。

评话《少林寺》开头说："话表此本奇文，名唤《女英雄擂台传》，又叫《御驾亲征灭少林寺》，此书出在雍正帝手上……"讲的是江南昆山县公子周雄在清明节，路见不平打死调戏良家妇女的恶少高宝，周雄避祸逃到山东历城县。县内拳师杨信本，有师兄弟三人：铁杖祖师、黄衣禅师和铁臂禅师。后铁杖入河南少林寺，铁臂入山西五台山，黄衣入山西元都观。杨信本搭擂台替独女杨飞蝉招亲，终于选中了周雄为婿。

评话介绍：铁杖当了少林寺长老，手下有三个弟子，成张印唤铁柄禅师、昆山谢金唤铁鞋禅师、福建永春杨丙唤铁珠禅师。"因为当初雍正皇

上未登大宝之时，王府门前有一幅大言牌，上写道：'天下英雄称第一，独吞少林四僧家。'"周雄考中了武状元，雍正皇帝说："今有少林寺之僧，实属刁顽，恐有后患，朕故朝夕不安，意欲扫荡灭除……因朕御驾亲征。"周雄阵亡，"众将奉了万岁命，车出狼基（炮）对寺门，寺中众僧魂惊散，和尚头带了三徒，举起千斤石一对，现出地穴走三徒"。铁杖最后力尽被千斤石压死，少林寺也被狼基（炮）轰平。铁柄、铁鞋、铁珠各逃回家乡。

评话还讲道："再说，高宝之子高云拜铁鞋为师，决心报仇，最后请了铁柄、铁鞋、铁珠，还是被杨信本父女打败。三僧又请了黄衣禅师、铁臂禅师，都被杨信本化解了，气得铁鞋呕血身亡。最后，杨信本父女将高云全家杀尽。雍正皇帝驾崩，乾隆皇帝接位，杨飞蝉之子周玉麟中了探花郎，回家祭祖途经历城县，与乡绅石贤结拜金兰，石贤妹石蕊仙将金钗私赠周玉麟，最后团圆结局，周玉麟'钦命福建做学台''不日就到福州城……此书名叫《金钗记》，小说就是《灭少林》，下集《铁珠打国寿》，接连《晏海拍台湾》。"

从民国初年的福州评话《少林寺》中可以看出，铁柄、铁珠、铁鞋是文艺作品评话中的人物，该评话主要流传于福州地区，且评话中并没有铁云大和尚这个人物。不过在文艺作品《大刀王五》中，倒是有铁云这个人物，但该人物是反派人物，也不是什么出家人。

关于铁云，还需要补充一点。著名的《老残游记》作者刘鹗，其字为"铁云"，又字公约，号老残，自称铁补残，清末江苏丹徒（今镇江）人，生于1857年，卒于1909年，虽然其字为"铁云"，但并不是出家的和尚。他出身于一个封建官僚的家庭，却无意于以科举博取功名，懂得算学、医药、治河等实际学问。曾先后在河道总督吴大潋、山东巡抚张曜处做幕宾，帮办治黄工程，得到很大的声誉。刘鹗终因不得志于清廷，去而经商，有过多次创办实业的计划，最后都一一归于失败。庚子（1900）义和团事起，八国联军侵入北京，刘鹗向联军购得太仓储粟，设平粜局，以振北京饥困。1908 年清廷即以私售仓粟罪将其逮捕，流放新疆，次年 7 月病死于迪化（即今乌鲁木齐）。《老残游记》第七回"借箸代筹一县策 纳楹闲访白城书"中，关于拳师刘仁甫的介绍涉及一些他那个年代的武林，具有一定的参考价值。

七、抛砖引玉

本初考的内容从武艺传承方面来看，飞钹禅师和飞钵禅师，以及铁臂、铁杖、铁柄、铁珠、铁鞋、铁云的武艺传授主要在南方地区，特别是福建地区最为广泛，其他地区门派有无此传授，仍需要进一步考证。

飞钹禅师和飞钵禅师最早出现在明清小说之中，佛教真实的飞钹禅师和飞钵禅师与武艺的关系并不明确，仍需继续考证。

铁臂、铁杖、铁柄、铁珠、铁鞋、铁云最早出现在清末与民国初年的资料中，龙尊宗师余让达所遗拳谱的具体成书年代，以及是否完整记录这些禅师人物，还需要进一步考证。

虽说本初考并没有证实西北八门拳的铁臂刘爷与福建拳派铁臂和尚的关系，但两地都有"反清复明"的武艺文化传授，除已知的西北封手武艺与福建咏春具有历史渊源外，西北八门拳术与我国南方武艺还有多少关系，或者说少林武艺如何影响到西北八门拳术和我国南方武艺，此仍有进行深入考证的价值。

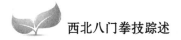

段炎亭、常炎亭与《炎亭揣辩》

——兼论常巴巴开创八门拳的传说

《西北民族大学学报（哲学社会科学版）》2000年第2期，发表了马建春的《回族武术概述》一文，文中关于《炎亭揣辩》以及常巴巴有这样的叙述："河北常炎亭，号'燕山'，人称'常巴巴'。约于嘉庆、道光年间游至甘肃兰州，为当地习武者传授八极拳和撕拳、炮捶等艺，并教授鞭、铜、枪等器械。甘、宁、青、新等省区至今犹流传其所授套路，武术界还传抄有《炎亭揣辩》《常巴巴论》两篇拳论，被拳家奉为要典。"此种说法在2011年《唐都学刊》第2期，李健彪发表的《也论常遇春的信仰与族属问题——与问永宁先生商榷》一文也有引述。当然，对于常遇春不是回民的研究，常氏家族已有定论，常遇春家谱也充分证实这一点。所以，关于常遇春、常巴巴、常炎亭相互关联的论述，以及其与《炎亭揣辩》关系的论述，是经不住历史考验的。

安徽怀远常氏家族族谱：第1世—姓祖；第2世—2始祖；第3世—3公；第4世—4公四三；第5世—重5重五；第6世—义6六六；第7世—遇 遇春、遇贤；第8世—升 常升 胡氏；第9世—继 继祖；第10世—浩；

第 11 世—越；第 12 世—达；第 13 世—细；第 14 世—汝；第 15 世—从；
第 16 世—才；第 17 世—炼；第 18 世—浦；第 19 世—枚；第 20 世—允；
第 21 世—文；第 22 世—鸿；第 23 世—开；第 24 世—宝；第 25 世—维；
第 26 世—振；第 27 世—乃；第 28 世—先；第 29 世—仁；第 30 世—业；
第 31 世—培；第 32 世—兹；第 33 世—远；第 34 世—代；第 35 世—基；
第 36 世—丕；第 37 世—承；第 38 世—敦；第 39 世—睦；第 40 世—重；
第 41 世—勤；第 42 世—俭；第 43 世—宜；第 44 世—相；第 45 世—师《常
氏宗谱——辈序》此辈分系遇春公后代常继宗（常侮分支）。

　　2018 年陈永兴主编出版的《八门拳总谱》里，对《炎亭揣辩》以及作
者段炎亭的描述如下："再说常燕山创八门拳，此说见《炎亭揣辩》一书
（也是清末的手抄本，未见到正式出版物）。经查有关资料，炎亭者，段
性，系甘肃都督府武教头。此人生活在清嘉庆、道光年间（约 1796 年—
1880 年）。段炎亭曾收榆中县小康营郭家营村人郭永忠为徒。郭永忠（1859—
1932），12 岁拜段炎亭为师，习文练武，文武兼备。清同治年间，被升为
偏将，为此，民间称郭为'郭将爷'。又因其枪法绝伦，势如雄狮，浑称
'郭狮子'。在《榆中县武术志》中有郭永忠拜段炎亭为师的记载。"《八
门拳总谱》里以"经查有关资料"为依据，但并没有给出是那些有关资料，
因此，此说还需要拿出"有关资料"来考证。

　　《炎亭揣辩》的作者到底是段炎亭，还是常炎亭？其实只要找到《炎
亭揣辩》最早的手抄稿原件，一切就可以真相大白。只是《炎亭揣辩》这
个手抄本到底存不存在？或者也许本身就不是《炎亭揣辩》这个名称，在
没有考证清楚原稿之前，这些都是有理由怀疑的。

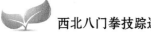

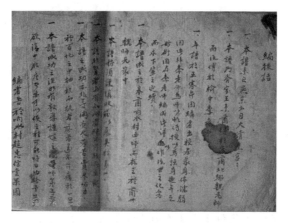

图1　李联芳李氏拳谱编后语

兰州榆中发现编写于1951年2月的李联芳李氏拳谱中，不仅有撕拳、炮锤，而且有《常巴巴论》，在李氏拳谱编后语中，较为完整地记录了拳谱编辑的情况。李氏拳谱的编后语有如下明确的描述：

（1）本谱来自燕京，出自大清皇宫；

（2）本谱乃脊宝王来甘传于皋兰北乡魏老师，而后传于榆中李老师；

（3）本谱于一九五〇年因编者出校居家身体嫩弱，因此拜李老师为师，以忆传授，以为强身健体之妙术，因与李老师编成此谱，以作后世之纪念，而求下辈之延续；

（4）本谱成之于皋兰响水村西评，而存之于兰州魏师兄家中；

（5）本谱务需谨慎收藏，以免误于不一；

（6）本谱非贤者有知心者绝不可提而出示；

（7）本谱之成功亦非等闲，受尽劳苦、费尽心力，于百忙之中，抽机而编者，应者万不可痛于一旦；

（8）本谱成功之后，如有敦厚谨慎之师弟子嗣，欲落中胎产子，亦可以使之，于可能时日由给予。

　　　　　　　　　　　　　　　　　编者告于响水村赵忠信家果园

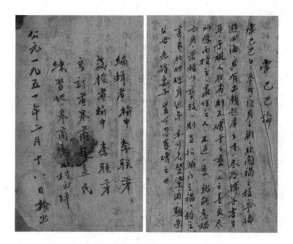

图2　李联芳李氏拳谱中《常巴巴论》

经查证，谱中"皋兰响水村西评"，现在为兰州市榆中县来紫堡镇西坪村响水子，该村毗邻黄河桑园峡，北与皋兰县相连。在李联芳李氏拳谱编后语中可以明确看出这本手抄拳谱属于原创，但其内《常巴巴论》是不是原创不得而知！这也就需要查找是否存在更早的古籍版本，假如所有的《常巴巴论》均出自这个手抄本，那么关于常巴巴兰州传拳的考证应该就清楚了，但是，仅从李联芳李氏拳谱中的《常巴巴论》来看，常巴巴只是谈了谈传艺的对象选材，核心思想是"人之善良，尽所学而授之"，这与历来传拳注重武德的说法是一致的，这里并没有明确表明是常巴巴开创了撕拳、炮拳武艺。

由于没有见到完整的原版《炎亭揣辩》抄本，因此各家也是在不断地相互引用，到底原文是怎样描述的，其实也让人捉摸不清。从现有只言片语的情况看，常巴巴来兰州开创八门拳的依据，主要是《炎亭揣辩》记录有："炎亭曰：拳者，手也。攒手为拳，伸手为掌。徒手者，八门拳而撕炮捶。执器者，鞭、铜、枪、斧、钺、刀。自常燕山来兰曾遍传八门实手。以至于今，其派不一……"如果此段文字是真实的，没有任何臆造、附会的意图，那么首先能说明一点，"炎亭"和常燕山肯定是两个人，而绝不会是"河北常炎亭，号'燕山'，人称'常巴巴'"的说法。其次，"自常燕山来兰曾遍传八门实手"的含义，并没有明确说是常燕山开创了八门拳，这句话的含义只表明常燕山来兰州传了八门实手，也可以理解为常燕山在兰州解读和传授了八门拳的实战打法，由于实战打法的不同，"以至于今，其派不一"，这个描述也是顺理成章的。

综合以上研究结果可以表明，依据《炎亭揣辩》和《常巴巴论》，无法证明流传于我国西北甘、宁、青、新地区的撕拳、炮拳是由常燕山或者常巴巴开创的。

附录：李联芳李氏拳谱《常巴巴论》原文

常巴巴论

常巴巴曰：拳者，防身之术，非闯祸之技。予（余）遍游四海，具有出类超群之才，尽乃儒子书生耳。予（余）视人狂劣，则不传予（余）之艺。人之善良，尽所学而授之。孟（莽）性之人，不通一艺，就能惹祸亡身，若授以艺技，则足招灭门之祸。授之善良，非但保身延年，亦可名登紫府，显荣父母，光耀妻子。岂可忽略传之也。

天启棍和天齐棍是同一种棍法

摘要：文章介绍了流传于我国西域地区与天启棍读音相近的棍法，对与天启棍相关的研究结论提出了商榷意见，并依据历史传承、法式指向、棍法法理、棍的特点四个方面，阐明了天启棍和天齐棍是同一种棍法。

关键词：天启棍 天齐棍 棍法

一、前言

我国西北地区广泛流传着众多棍术，不仅棍的形式区分有棒、鞭杆、条子、棍、连枷棍、双手连枷棍等，而且棍的演练套路据估算可多达百种，其中流传于兰州、河州（今甘肃临夏）地区的"西域棍术"就达到了40种以上。在"西域棍术"里，天启棍作为民间赞誉的"四大名棍"之一，特别受到各民族武艺爱好者的喜爱。

天启棍有"西棍之冠"之称，也俗称"河州棍""魏家棍"。据各门派传承讲述，大多是出自清乾隆时期河州棍术宗师王富海（绰号王大脚）。按照《续修导河县志》的记载，王富海宗师的天启棍源自山东，其实不计山东以前的时间，仅从王富海宗师算起，天启棍在甘肃流传的时间就达到187年，传承了十几代多家门派。在历史传承的多样性中，随着研究结果、文献等文字性资料的增多，天启棍名称也出现了不同的字义，其中最有代表性的是天启棍和天齐棍。

二、读音类似的几种棍法简介

目前与天启棍读音类似的棍法主要有天奇棍、天岐棍、天旗棍、天齐棍。

天启棍出自《续修导河县志》中记载："王富海，俗名王大脚，咸同年间近古稀，精技击，幼从山东得一拳术，名曰天启棍，内分十二门三十六招，习之娴熟，有滴水不能侵身之妙，故陇上武术家称大脚为宗师。"

天奇棍估计是一种口传过程中的讹传，至今已经不见有哪个门派提及，因为没有门派去阐述，所以本文不再做过多介绍。

天岐棍按照其门派说法是在天齐棍的基础上，由张鸿基、安国岐和马颖达共同创编于20世纪60年代，1984年由张飞鹏在全国武术观摩赛上表演，取得棍术第一名而蜚声海内外。

天旗棍按照其传人讲是在马颖达、王天鹏、罗文源等人所传授的天旗棍的基础上，将方汝楫所授的天启棍法充实其中，经过整理得出的棍法。

天齐棍主要附会于东岳泰山神天齐大帝，因为天齐大帝使用木棍惩治妖魔鬼怪，匡扶正义，故有此附会。还有一说是少林方丈至善禅师逃难至天齐庙里传棍，故名天齐棍。实际天齐庙里传棍就叫天齐棍，多少太过于随意，且有人考证至善禅师不过是清末武侠小说《万年青》里杜撰的人物，因此天齐庙里传棍叫天齐棍的说法基本不成立。国内与天齐棍相同的棍名，在1998年北京体育大学出版社出版的《少林棍法大全》里有少林天齐棍的记录。

三、对于一些门派说法的商榷

（一）魏国棍入秦说

或许是"天齐棍"也称为"河州棍"或"魏家棍"的缘故，有人研究出了秦人没有棍，魏国棍入秦的结果。依据是《孟子·梁惠王章句上》中有"王如施仁政于民……可使制梃以挞秦、楚之坚甲利兵矣"，这里的"梃"就指棍。出于简单地理解，该研究得出秦人不擅长棍法，而魏国人以棍为自豪的结论，同时用秦始皇兵马俑等考古发掘兵器多为剑戈弓弩，来进一步证实秦人不擅棍的结论。其实如果这个结论成立，那么是否魏国的考古发掘兵器多棍呢？显然不是这样的！其实即使清朝甘肃棍法已经非常完备的时期，甘军的主要冷兵器依然是刀和大枪，这自然是战场厮杀、一招毙敌的必然选择。

我们再看看《孟子·梁惠王章句上》的原文解释："有纵横百里的土地就可以行仁政而使天下归服。王如果向老百姓实行仁政，减轻刑罚，减少赋税，深耕细作，及早除草。年轻人在闲暇时修养孝顺父母、敬爱兄长、忠诚守信的道德，在家便侍奉父兄，在外便侍奉上级，这样，就算让他们造木棒也可以抗击秦国和楚国的坚实盔甲和锋利兵器了。别的国家妨碍老百姓适时生产，使他们不能靠耕作来奉养父母。父母饥寒交迫，兄弟妻儿离散。它们使老百姓陷于深渊之中，王去讨伐它们，谁能抵抗您？所以说：'仁德的人是无敌的。'王请不要怀疑！"

从上面的译文里显然可以解读出孟子在说"仁政"，为了论述"向老百姓实行仁政"的重要性，孟子赋予一种假设，即在"仁政"的种种好处下，魏国的年轻人拿木棒都可以抗击秦国和楚国的坚甲利器，显然这里丝毫没有魏国人以棍为自豪的意思。

（二）青海地区天齐棍说

1. 青海马家棍之十轮天齐棍说

在《西北棍术之天旗棍法》或《天旗棍法》的文章中，将西北棍法罗列了五类，第一类、第二类和第四类分别是疯魔棍、壳子棍和何家棍，因与本文的论题无关，所以就不用讲了。对于第三类魏家棍通称天启棍，第五类马家棍通称十轮天齐棍，这个说法还是很有意思的，似乎一下子把"天启棍"和"天齐棍"的归属讲清楚了，魏家也不用引经据典地证明"天启棍"了，魏家棍就是天启棍，"天齐棍"是马家的十轮天齐棍。这么讲乍看起来是和谐了，但是实际上却有更重大的问题，从此"天齐棍"就与魏家棍无关了。而这与省城兰州这里的传承相左，兰州这里"天启棍"和"天齐棍"实际是指同一种棍名，只是阴差阳错地在1931年修订的《续修导河县志》里记录成了"天启棍"而已，因为门内大家都知道指什么棍，所以也没有人去追究这个差错，但是兰州"天齐棍"假如与河州"魏家棍"无关，那么这个错误就错得严重了。

2. 青海五轮天旗棍说

《西北棍术》的网络文章中称，流传于古枪罕（青海兴海县）的天旗棍在传承上是这样安排马孝哥的位置的: 第一代兰州杨国琪（别称杨学栋），第二代魏阿訇、马文爷，第三代马孝哥。文章如果真是说天旗棍，也就不用商榷了，但看其文章内对轮子、折子等的说法，还是与天齐棍沾边。

文章传承时间安排还是合理的，如果说魏满拉最后成长为魏阿訇，而且这都是指同一个人，那么这个传承至少与兰州的传承有一定关系。但文章有一个问题让人不解，关于第一代先师兰州杨国琪，在《西北八门武艺介绍》一文里介绍有"筏子客杨共奇"，据了解对于兰州来讲，如果涉及是白耀山先师的传人，大多都会提到杨爷，那么《西北棍术》里的"兰州杨国琪"与"筏子客杨共奇"就应是同一个人。《西北八门武艺介绍》里讲到"筏子客杨共奇"前面还有两位先师，即铁臂刘爷和第二代宁夏将军之子，但这个传承谱系实际是一些门派的兰州撕拳、炮拳的谱系，似乎与天齐棍并没有多少关系，因此《西北棍术》一文并没有讲清楚天齐棍的传承来源与"王大脚"宗师的关系。

（三）《续修导河县志》里的天启棍

1949 年前，临夏市志保存了五部地方志，即嘉靖二十五年（1546）《河州志》4 卷；康熙二十六年（1687）《河州志》2 卷；康熙四十六年（1707）《河州志》6 卷；宣统元年（1909）《河州续志稿》（亦名《河州采访事迹》）6 卷；1931 年《续修导河县志》8 卷。除 1931 年《续修导河县志》以外，其他县志均没有记载"天启棍"，特别是宣统元年《河州续志稿》里没有记载是非常遗憾的。

《续修导河县志》中有"徐兆番修，黄陶庵纂"，从各门派传承来看，都没有此二人，因此认定《续修导河县志》中"天启棍"的名称是由第三方提供的，但是口说的还是手书的无从查起。以当时的社会文化程度，口说的可能性要大。

《续修导河县志》中记载道："王富海，俗名王大脚，咸同年间近古稀，精技击，幼从山东得一拳术，名曰天启棍，内分十二门三十六招，习之娴熟，

有滴水不能侵身之妙，故陇上武术家称大脚为宗师。"

针对以上记载，中央电视台《国宝档案》栏目编辑陶梦清和天津体育学院武术教授杨祥全指出，其棍名"天启"与明代程宗猷的《少林棍法阐宗》在天启年间因刊刻《耕余剩技》而得以广泛传抄有关，如同戚继光曾以"辛酉"纪年命名刀法一样。

戚继光有辛酉刀法不假，但按照陶梦清、杨祥全的推论，辛酉刀法更应该叫嘉靖刀法或者万历刀法，而且按照推论，上下五千年的历史长河里，以皇帝年号命名的武艺应该会很多，然而事实上却是寥寥无几。其实不论前朝的，还是当朝的皇帝年号，私自盗用恐怕不灭族也是要砍头的。如果天启棍起源于《续修导河县志》的1931年，还说得过去，然而天启棍在河州至少可追溯到乾隆时期，这就有"反清复明"的嫌疑，怎么可能进行公开传授。

武术爱好者王清谈曾对中国武艺命名进行了整理，包括武侠小说内的名称，总计15类442种，其中没有一个是以皇帝年号命名的。北京体育大学出版社出版的《少林棍法大全》收录了33种少林棍法，其中也没有一种是以皇帝年号命名的，倒是有少林天齐棍。网络文章《西北八门武艺介绍》中提及流传于西北地区的武艺有127种，其中仅八门派棍术39种，除天启棍外再无以皇帝年号命名的武艺，因此"天启棍"这个名称必然是来源于《续修导河县志》，也就是说天启棍的文字命名开始于《续修导河县志》，之前的命名是何文字则无从考起。

四、天启棍和天齐棍实际是同一种棍法

从各门派传承的特点来看，绝大多数的天齐棍和天启棍都有如下共同

特点：

（一）源自的宗师相同

不论天齐棍还是天启棍，都是源自清朝乾隆时期的河州棍法宗师土富海，属于少林棍法，当然少数不承认的可以除外，但是至今以天齐棍或天启棍为名，而宣称不是源自王富海的，其所提供的传承谱系均存在问题。

（二）天齐的指向相同

在天齐棍或者天启棍里，都有上天齐、下天齐、左天齐、右天齐的称谓，且这些都属于棍法内的具体法式，这些法式如果用上天启、下天启等冠名解释，难以解释清楚。另外，老辈们口传时都明确了棍法是东边来的，属于少林棍，这在 1998 年北京体育大学出版社出版的《少林棍法大全》里也能找到少林天齐棍的记录。实际上，老辈们在强调是少林棍的同时，往往也特别强调是"神棍"，演练时首先要双手抱棍，以示敬意。其实查看古代流传至今的所有天齐大帝神像，都是双手抱怀的坐姿，双手抱棍也与之类似，而且天齐棍的双手抱棍的特点明显不同于其他众多的棍法。

（三）棍法的法理相同

天齐棍和天启棍都有轮子、折子的划分，讲求一轮多折，有天罡三十六轮子，地煞七十二折子，合计一百零八法的传承，并且这些传承都是建立在十二轮、十二大折、十二小折以及上蓬、中蓬、下蓬的法理上的。天齐棍和天启棍同样都存在排子棍，而且天齐排子和天启排子的内容本身

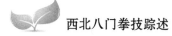

就是完全一样的。

（四）棍的特点相同

天齐棍和天启棍都属于两头用棍，且分大小头，小头是梢子，大头是把子，这与其他讲求两头一样粗的棍法截然不同。同时，天齐棍和天启棍都讲求棍里带枪，强调"棍加枪、铁加钢"的比喻。

五、结束语

武艺一直以来以口传心授为主，因此在传承过程中并没有文字性的争议，但是近代以来，伴随文字性介绍、研究资料的增多，逐渐在文字上产生差异，这个现象不仅仅出现在天齐棍和天启棍上，同样在五虎擒羊棍和五虎群羊棍等武艺中存在。实际最初出现这样的情况时，老把式由于知道指的是相同的东西，各家并不在意，但伴随武林志士一代一代地传承，争议、谬论逐渐增多起来。其实不论如何争议一半个字眼，只要法理相同，其实就是同一种武艺。

八门拳技中的棍和条子

一、"南拳北腿、东枪西棍"浅说

武艺有"南拳北腿、东枪西棍"之说，然而真要考证这个说法的出处，实际又很难考证清楚。有拳家认为，"据《武备志》记载，太祖拳为十八家之首，第二是临清潭腿为十八家之尊，因太祖拳起源于黄河之南，临清潭腿起源于黄河之北，故有南拳北腿之说。"① 然而针对此说查阅《武备志》，书中并没有如此表述，且所谓临清潭腿，书中也是"山东李半天之腿，鹰爪王之拿"等一言带过，并无更多描述。所以依据《武备志》关于"南拳北腿"的说法，与捕风捉影都相差甚远。

"南拳北腿"说法的考证，虽然在古籍文献中难以查考，但是这个说法影响最大的莫过于一部港台武打片。1976 年香港导演吴思远推出动作片《南拳北腿》，随着电影的公演及之后几年更多动作片的影响，功夫热迅速传遍国内，甚至波及全世界，"南拳北腿"的说法也广为人知。

---

① 矛元仪.武备志：卷九一［M］.海口：海南出版社，2001.

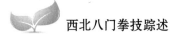

"南拳北腿"的考证尚且如此，可见"东枪西棍"的说法就更扑朔迷离。以 20 世纪 80 年代的功夫热为背景，当时"南拳北腿"的叫法是极为普及的，但后面并无"东枪西棍"的俗称，因此推断"南拳北腿、东枪西棍"的俗语只会晚于 1980 年。至于有拳家认为，"西棍在民国年间随南拳北腿、东枪西棍的叫响而鹊起成为主导"，这里应该指的仅仅是"南拳北腿"的说法起源于民国年间，对于"东枪西棍"还需要更多的证据。

刨除外在形象描述的影响，从武艺技击本性方面探究，实际南拳并不是没有腿法，北腿也并不是没有拳法，同样东枪也并不是没有棍法，西棍也并不是没有枪法。相反，八门拳技之棍法更多是糅合了枪法，且西北的大枪之术，也未必就比东面的枪术差。由此来看，"南拳北腿、东枪西棍"俗称的流传，更多是在武艺表演化后的表象上形容，而非内在技击方面的描述，这样结合近代武术表演化发展历史及社会与民俗背景，"南拳北腿"俗语可能最早起源于民国年间，"东枪西棍"俗语最早不会早于 1953 年国家推动武艺开始表演化的时期。

二、从俗语角度说说天启棍

"南拳北腿、东枪西棍"俗语起源的浅说，重点是明确西棍并没有与枪术割裂，相反，从内在技击方面看，西棍实际包含更多的枪术内容。西棍里有"三棍扎一枪"的俗称，这与明代嘉靖、万历年间程宗猷编写的《少林棍法阐宗》里记录的内容基本一致。《少林棍法阐宗》记载："谚云，打人千下，不如一扎。故三分棍法，七分枪法，兼枪带棒，此为棍中白眉也！"这个记载也是少林棍法俗语"三分棍法七分枪法"的切实出处。从这个方面可以证明，西棍实际与少林棍法具有很深的渊源，这符合八门拳技各门派强调的武艺来源于少林的传授，或许也可以说明一个问题，即由"少林蒙难高僧"传授到河州的天启棍法，极有可能就是少林天齐棍法。

三、八门拳技棍术与众不同之处

尽管对于"南拳北腿、东枪西棍"的俗语无法准确清楚地考证，但近现代以来，西北具有典型代表的棍术，特别是八门拳技的棍术，更是在全国占有非常重要的地位，也形成了棍术、条子、鞭杆、棒槌、连枷等完备的体系，这与全国其他流传棍法的地区相比是独一无二的。据有心者统计，《少林棍法大全》收集33种棍法，而西北地区现流传的棍法达到40种以上，真可谓"青出于蓝而胜于蓝"也！

棍术在西北经过几百年的发展和演变，已经和国内其他地区自古流传的棍法产生很多区别，比如轮子、折子的划分和区别；串子、排子的特点与区别；棍、条子、鞭杆的类别与特长；鞭杆调把的神出鬼没；等等。在长棍的划分上，最明显直观的区别是棍与条子的区分，将棍法演变出条子的技法，恐怕也是西棍的最大特色，估计说"天下条子出西北"也不为过。西北地区以条子命名的棍法不少于以棍命名的棍法，如梅花条子、红柳条子、中平条子、六合条子、八普条子、八路条子、九宫条子、十步条子、桑门条子、蒲团条子、琵琶条子、压山条子、进山条子、子序条子、青龙条子、四门条子、金琐条子、迎风条子、水仙条子、梨花条子、五手条子等。

四、对各种棍和条子区别的说法的评价

目前对棍与条子区别的描述已经有很多。具体大约有以下几类。

（一）"五尺棍"和"六尺条"的说法

此说即棍长五尺，与眉等高，亦称齐眉棍，棍分大、小头，棍根或棍把是大头，棍梢、棍头是小头。条子长六尺，须高出头顶一拳，条子较棍稍细，大小头相差较小，粗细均匀。

上述说法是以使用者选用棍子的角度描述的，从这个角度看，此说没有问题。

（二）轮子和折子的说法

此说即棍以轮子见长，混有大刀（长把关刀类）之法；条子以折子、枪法见长，有"棍打轮子，条打折"的比喻。

上述说法是针对两者的法式特点谈的，"棍打轮子，条打折"的比喻没有问题，但不是绝对的，棍也必然有折子，条子也可以打轮子。至于棍混有大刀之法，条子还以枪法见长，这个不是主要的区别，且此说还易误入歧途，因为棍是兵器之祖，它不仅有大刀技法，还有其他长兵器技法。条子和棍都有枪法，如果依此谈二者的区分，基本谈不出什么本质区别。

（三）单手双手的说法

此说即棍法迅猛泼辣，棍扫一片，条子多缠提和刺枪，善于单手使用，有"单手条子，双手棍"的说法。

上述说法以两者习练的风格特点进行描述，只能是大体上有这个意思，但对于单手双手的说法就有问题了。试问双手执棍，稍有不慎都会被打飞，单手岂不是自寻死路！至于出其不意地单手点戳，体现一寸长一寸强的特长，此不论棍、条子均可。

（四）有花无花的说法

此说法认为条子是在一般套路中，加进若干折子棍法组成的套路，使其锦上添花。因为条子没有华而不实的棍花，故有"条子无花"之说。

此说实际与西棍的理论相差甚远，西棍本来就没有棍花一说，只有轮子、折子的解析，这也就表明，如果棍花是指戏曲、杂耍的把戏，那么西棍不论棍还是条子，肯定都没有棍花，何来棍子有花、条子无花的说辞？

（五）插不插步的说法

此说与"有花无花"的说法经常结合起来描述，认为条子套路必须是由折子中的实战技法编成的套路，突出以实战为主，所以有"条不打花，棍不插步"。

其实西棍不论条子、棍，都是以突出实战为主，所谓"动无虚动，动即为法"，何来彼以实战为主，而此就不以实战为主之说？至于"棍不插步"，纯属谬论，插不插步也与实际需要为主，况且裹肩轮、虎尾轮、翻天印、吊棒、天门、天齐等打法，如果没有插步，棍岂不就打成了死棍？

（六）内场外场的说法

有对条子、棍进行内外场的区分，内场是看门守户的技击之法，是真才实学的武艺；外场是表演、供人欣赏的花架子棍套。因条子以实战为主，故称条子为内场武艺，棍子为外场武艺。

这个说法实际与上述一些说法一样，犯了相同的错误，西棍的条子、棍都是讲求实战的，依此来区分条子和棍，简直就是步入歧途。此说还有一个更大的弊病，那就是有意无意地抬高条子，贬低棍术，实属荒唐之举。

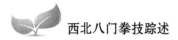

（七）替代工具的说法

此说认为棍就是棍，没有必要再有什么棍以外而实际还是棍的东西，至于条子，因技法多以枪法为主，所以条子是在传授枪法和棍法时的替代工具。

这个说法的评论可以参考第"（二）轮子和折子的说法"，如果仅仅用替代工具来区分棍和条子，那么只能说明提出这一说法的人不懂条子，进而也就不懂折子。

五、棍和条子的实际区别

俗话说得好，"真传一句话，假传万卷书"，其实棍和条子的本质区别就在于一句话——技法和劲力不同。武艺技法，理所当然就是攻防打击的方法。

棍在于气势威猛，兼"枪贼"之巧妙，劲力上以轮劲沉劲见长，正如"棍扫一片，枪挑一线"的俗语，西棍在"扫一片"的同时，同样会不失时机、出其不意地有"挑一线"的巧妙。棍以轮子见长，也就是说"轮子"在棍法上是顺其自然，但更具有威力，而西棍有"一轮三折"的解析，这也就是说轮子由折子构成，折子不仅可以单用，几个折子还可以构成轮子来使用。

条子不是大枪，更不是大刀，条子依然属于棍的类别，因此同样具有棍气势勇猛的特点，也兼有枪贼的巧妙，但其以抽打鞭甩的劲力见长。俗话说"条子以折子见长"，主要是指条子更有利于在折子上发挥抽甩的劲力，因为在轮子上使用抽甩劲力，不合乎自然法则。

为便于理解，举个例子说明。比如挖轮，棍子打挖轮，右一轮，左一轮，最后一折随机而动，如果用广播体操的拍节分解，就是1、2、3、4的四拍，然后再接其他法式。条子打挖轮，右一抽甩，左一抽甩，最后一折不需要了，很容易接后续的抽甩劲法式，这样的节拍分解就是 1、2 的两拍。从这个例子可以明显看出，棍和条子都有轮子、折子，只是劲力不同而用法不同罢了。

正是因为条子以抽打鞭甩的劲力为主，需要突出更快、更便捷的特点，所以条子棍比齐眉棍要细要长，重量上条子棍也要比齐眉棍要轻。"五尺棍、六尺条""棍粗条细"的说法就是这样造就的。

综上所述，棍和条子的说法与套路无关，在套路的名称方面，用棍的法理打条子的套路就是棍法，用条子的法理打棍的套路就是条子。说得更明确一点，比如六合条子、压山条子、蒲团条子等套路，若用棍的法理来打，那么就是六合棍、压山棍、蒲团棍。再如天齐棍、天门棍、风魔棍等，若用条子的法理打，那么就是天齐条子、天门条子、风魔条子。

天齐、天门与齐天、通天

之所以要将天齐、天门、齐天、通天联系起来论述，主要是民间武艺，特别是流传于西域棍法中的天齐棍，在道教、民俗文化方面，多多少少地会涉及这方面的内容。

一、天齐溯源

太一混元之气，虚空无极之尊。禀日月之元精，受乾坤之真形。判死生，削灾厄，轮造化，神明无私察鉴。勿因享祭而降福，不以失礼而降祸。往复兮，善恶福祸，尽在天齐真君大生仁圣帝。

"齐"字在古汉语中有治理、整治的含义，且作为象形文字，更具有形象的含义，甲骨文的"齐"字，更像两个小房子簇拥着一个大房子，⋔，三户以上人家就是一个部落，人类进化到部落就产生了原始的社会分工与管理，有管理就存在治理、整治。还有人翻译为胚芽，那么远古掌管种子的人，必然也是至高无上的管理者，所以"齐"应该是中国远古先民最为古老的对权力者的描述。到了金文时代则更为明显，齊，齐字更像站在皇城辕门中间发号命令或祈祷的人，这无疑已经是黄和帝的职责。

图1　古代辕门复制模型

　　既然"齐"字已经与治理、整治天下的皇和帝有关，那么"天齐"不过是历史演变过程中"齐"的神化而已。实际天齐一说远古时期即存在，属于古时齐鲁之地人们相传的天神，后来传说是云海八神之一。

　　《庄子·逍遥游》曾提到："齐谐者，志怪者也。"而《齐谐》是古代先秦的神话集，属于记载奇闻逸事的志怪书籍，可惜已佚，即使后人编著的《齐谐记》也遗佚很多部分而成为残本。公元前1000年前，姜太公帮助周武王灭商后，被周天子封为侯爵，封国建邦，建立齐国，之所以用"齐"为国名，也是借用这个远古传说的谋略。

　　司马迁所著《史记·封禅书》中有这样的记载："始皇遂东游海上，行礼祠名山大川及八神，求仙人羡门之属。八神将自古而有之，或曰太公以来作之，齐所以为齐，以天齐也。其祀绝莫知起时。……一曰天主，祠天齐渊水，居临淄南郊山下者。"

图2　泰山神启跸回銮图（宋代·泰山岱庙天贶殿壁画）

唐代李吉甫《元和郡县图志》卷十《兖州乾封县》载："开元十三年冬，玄宗登封泰山。登封之夕，凝氛昏晦，迅风激烈。皇帝出斋宫，露立以请。及明，清霁，旗幡不摇。事毕，至山下。日光重轮又抱戴，明耀五色，千官称贺。其日大赦，以灵岳昭感，封泰山神为'天齐王'。"这是最早关于皇帝封泰山神为"天齐王"的记录。其后，宋大中祥符元年（1008）宋真宗封禅，追封泰山神为"仁圣天齐王"，后称"天圣仁圣帝"，元朝至元十八年（1281）又加号"天齐大生仁圣帝"。元朝的赠号"天齐大生仁圣帝"已经与"齐天大圣"的称号很相似了。

自唐玄宗封泰山神为天齐王开始，民间传说的演变以及历史上文人骚客的酝酿，泰山神的身世也就众说纷纭起来，有盘古说、太昊说、天孙说、金虹氏说、黄飞虎说等。在这些众多的传说中，约成书于明朝隆庆、万历年间的《封神演义》，对近代民间神话传说影响较大。书中武成王黄飞虎使用长枪兵器征战沙场，最后敕封为东岳泰山大齐仁圣大帝之职，总管人间吉凶祸福。

东岳大帝，又称泰山神、泰山君、五岳君，道教排位于玉清元宫之第二位，冠五岳之首，掌握人们的魂魄，主掌世人生死、贵贱和官职，是万物之始成者之一。民间传说有东岳大帝掌管天下 365 路诸神，是阴曹地府十殿阎君和十八层地狱的主宰者。

图3　民间供奉的东岳大帝神像

天齐棍里，有上天齐、下天齐、左天齐、右天齐、怀抱天齐的称谓，且这些都属于棍法内的具体法式。另外，老辈们口传时都明确了棍法是东边来的，属于少林棍，在1998年北京体育大学出版社出版的《少林棍法大全》里也能找到少林天齐棍的记录。实际上，老辈们在强调是少林棍的同时，往往也特别强调是"神棍"，演练时首先要双手抱棍，以示敬意。其实查看古代流传至今的所有天齐大帝神像，都是头戴紫金冠，双手抱笏板(hù bǎn)的姿态，天齐棍双手抱棍也与天齐大帝双手抱笏板的动作类似，而且天齐棍双手抱棍的特点，与其他众多的棍法有着明显的不同。

图 4　天齐棍之天齐势子

二、天齐与齐天的关系

平天立地，射冲斗府。挖太上丹火，斜凌霄宝殿。刷日月，扫鬼魅，裹热血，搅翻地府天庭。十字坡中觅妖怪，三盘岭上擒孽畜。俱往昔，泼戏疯癫，皆是混元太乙齐天大圣。

借用齐天大圣的一点名头，歪提藏头诗一首，淡漠掉十二轮的玄妙，聊以雅俗共鉴。另有对应诗句一首，辑录如下：

> 平立挖斜莫等闲，刷扫裹搅妙不言。
>
> 虎尾十字说造化，混元风魔赛神仙。

其实天齐和齐天从文字上看没有区别，区别主要在文字顺序上，前面已知天齐是神仙，那么齐天又是个什么东西呢？

查考齐天出现的最早说法是宋人评话《陈巡检梅岭失妻记》中写到的"齐天大圣"，遗憾的是宋人评话可追溯的最早版本，却是明代嘉靖年间钱塘人洪楩的清平山堂话本《陈巡检梅岭失妻记》，其中有"且说梅岭之北有一洞，名曰申阳洞，洞中有一怪，号曰白申公，乃猢狲精也。弟兄三人：一个是通天大圣，一个是弥天大圣，一个是齐天大圣。小妹便是泗洲圣母"。

实际在元末明初杂剧作家杨景贤撰写的杂剧《西游记》里也有一段描述孙悟空的自白："小圣弟兄姊妹五人：大姊骊山老母、二姊巫枝祇、大兄齐天大圣、小弟通天大圣、三弟耍耍三郎。"另外，包括元曲《二郎神锁齐天大圣》也出现齐天的说法。综合以上文献可以认定，齐天至少在元代已经出现，并且最初的齐天大圣并不是什么高雅的神仙，却是通天大圣孙悟空的哥哥，属于作恶的妖怪。吴承恩在编写《西游记》时，将齐天大圣名衔安在了孙悟空头上，删去了通天大圣的名衔，从此齐天大圣孙悟空成为家喻户晓的神仙人物。

　　元代戏曲里孙悟空的兵器是耳朵里藏的生金棍和观音送的戒刀，对于生金棍没有过多描述，但是能藏在耳朵里的，在收服沙和尚时还曾扬言拿出生金棍把他打成稀巴烂，可见生金棍已经是有变化法力的。明嘉靖年间吴承恩的《西游记》里，孙悟空舞动金箍棒，已经是家喻户晓的了。

图 5　南天门齐天大圣像（［清］康熙 台湾台北大圣庙）

　　吴承恩的《西游记》对齐天大圣孙悟空的描述进行了很大的美化，但孙悟空在大闹天宫后自立的齐天大圣头衔，当时怎么说都还是妖的身份。吴承恩《西游记》中对于天齐的描述也出现三处，第三十七回，乌鸡国国王对唐僧说的话："那人道：他的神通广大，官吏情熟，都城隍常与他会酒，海龙王尽与他有亲，东岳天齐是他的好朋友，十代阎罗是他的异兄弟"；

第五十六回，孙悟空打死了草寇以后，面对唐僧的指责，他的回答是："尽你到那里去告，我老孙实是不怕，玉帝认得我，天王随得我……东岳天齐怖我，十代阎君曾与我为仆从……随你哪里去告"；第六十九回，孙悟空对猪八戒描述金毛犼的长相时说："他却像东岳天齐手下把门的那个醮面金睛鬼。"在这三处提及天齐的描述里，天齐依然指的是东岳天齐神。

齐天相对于天齐在文字顺序上变化后，其实可以这样理解，天齐指的是神仙，齐天指的是妖怪，一正一反，一仙一妖，合乎阴阳相合的古理。棍法上也很有意思地存在这个变化，仔细体会后会发现天齐棍法与大圣棍法、猴棍棍法有不少相通之处，而猴棍又称金箍棒，这应该又假托了齐天大圣的名头。如果天齐棍法中的上天齐、下天齐、左天齐、右天齐均以"小生子"下蓬打法，可以发现天齐棍的招法已然快变成了猴棍，猴棍如果取消艺术化戏要的内容，采取大架势上蓬打法，似乎也与天齐棍相差不远。这就是中华武艺的一个特点，即武艺门派和风格千差万别，数不胜数，但各类武艺所依据的文化基础却有很大的共性。

三、天齐和天门与齐天和通天

勾魂桩笑迎凤凰三点头，地刚枪怎奈云里巧拨灯。搬拦飞仙二回头，中平提水三跨走。吊棒天门中，大圣掀翻蟠桃树。

"笑迎""怎奈"也算是戏说，好在戏里戏外总是情，十二折也不过如此罢了。同样对应诗句一首，辑录如下：

勾挑点拨应当先，拧翻捣戳紧相连。

提抱吊扣急忙走，任它东西南北来。

谈完天齐和齐天的关系，再说天齐和齐天各有子母，那就是天齐和天门、齐天和通天。

天门从字义上解释是指神话传说中通往天宫的大门，比较早的记录天门的文字有老子《道德经》第十章里的词句，"天门开阖，能为雌乎？"意思是天空昼夜开合变化孕育了万物，不就是慈母的所为吗？另外，西汉辞赋家王褒的《楚辞》第四十篇《九怀》之二《通路》里也有记载，"天门兮墬户，孰由兮贤者？"其解释为：天上有天门，地上有地户，不知哪条路贤人能出入？

民间流传关于天门的最直接认识，是明代嘉靖年间小说《北宋志传》（又名《杨家将》《杨家将传》《杨家将演义》）的"杨六郎调兵破天阵"，这个故事在后来清代小说中，演变成了"穆桂英大破天门阵"，并且被各地戏曲改编为经典曲目《天门阵》，进而在民间广泛流传。明嘉靖《北宋志传》里的天门阵，设阵的辽兵军师吕客称为"南天七十二阵"，号称"三千世界风云变，七十天门战阵开"，而从隐居的高人处得到阵图来解阵的杨宗保称其为"七十二座天门阵"。在之后不断改编的杨家将故事中，天门阵也变成上合天罡三十六星之数，下应地煞七十二星之位，共一百单八阵。

其实，天门在道家还有众多繁杂的含义，最为独特的是天门和地关的关联。道家认为天门是虚空，是掌握万物生成化育的门户；地关是阴跷，是掌握转世轮回的门户。天门需无中生有，地门则一通百通。在这些解释中，非常有意思的是，既然天齐大帝掌管天下365路诸神，是阴曹地府十殿阎君和十八层地狱的主宰者，那么天齐恰恰和地关就成了有相同内涵的内容。所以，天门和地关是阴阳相合的整体，天门和天齐也就成为阴阳相合的整体。这就解释了为什么会有天齐棍和天门棍的子母关系。

天门棍有三十六式天门棍和四十八母子天门棍的说法，有些在传承过程中直接简化为三十六棍或四十八母子棍。母子棍的称谓，主要是指棍法之母，是孕育千变万化的棍法的原始根本，可以无中生有，就像天门是掌握万物生成化育的门户一样。同理，天齐棍就是"万物之始成""轮回往复"的一百零八法的子棍，可以一通百通。

通天与天门不同，如果天门可以说是门，那么通天就是通往这个门的路。"通天"一词出现比较早的是《黄帝内经》里《灵枢》的"通天"论篇，从文中"少师曰：天地之间，六合之内，不离于五"可以看出是关于阴阳五行的论著。道教和神话传说中有关通天的人物，主要有通天大圣和通天教主。在"天齐与齐天的关系"部分中已经提到，齐天一词出现的宋人评话《陈巡检梅岭失妻》里，同时出现了通天大圣，只是孙悟空是通天大圣，他的哥哥才是齐天大圣。2002年国家文物局在批准实施福建省顺昌县宝山寺修复工作中，在始建于元末明初的双圣庙里（早于吴承恩《西游记》成书年代），发现了齐天大圣和通天大圣合葬墓，这也是考古工作首次证明齐天大圣和通天大圣的存在关系。

图6 齐天大圣和通天大圣合葬墓（［元］福建省顺昌县宝山寺双圣庙）

通天教主出自成书于明万历年间的小说《封神演义》，《封神演义》成书要晚于吴承恩的《西游记》。《封神演义》里通天教主又名截教教主，上清道人，是鸿钧道人点化的弟子，在师门里排行老三，其大哥为太上老君，二哥为原始天尊。通天教主门下有多宝道人、金灵圣母、无当圣母、龟灵圣母、赵公明、三霄娘娘（云霄、琼霄、碧霄）。

棍法武艺上的"通天棍法"其实是流传广泛的四门棍法，四门棍本身又称为四方棍，东南西北四个方向，正好与道教以及神话传说中通往天宫的四个天门相合。此棍属于少林棍法，在陇右地区有悠久而广泛的流传历史，棍法出自甘军首领董福祥麾下武官邵银环，邵银环是甘肃庄浪水落城万泉邵家坪人，西北著名武艺宗师之一，因耳坠下带一银环，所以人称邵银环。邵银环传武艺给其麾下固原提督营哨官孙彦彪（1878—1975）、王步高。甘军抵抗八国联军侵略失败后，孙彦彪回到老家天水，同时成为天水地区军营派武艺创立的宗师。

四门棍的传承谱系明确了与清末甘军首领董福祥的关系。董福祥历任游击将军、阿克苏总兵、喀什噶尔提督、乌鲁木齐提督、甘肃提督、武卫军统领等清代武将官职，且被清廷加太子少保衔，赏都骑尉世职。他是继清代湘军之后，晚清最强悍军队甘军的缔造者，他率领的陕甘子弟，从平叛陕甘叛乱开始，逐步发展成为收复新疆、稳定西北的主要军事力量。在抵抗八国联军时期，他直接指挥的甘军以及义和团，是清廷重创八国联军的最强悍部队。由于晚清同治、光绪年间西北地区的特殊历史因素，实际董福祥领导的甘军，对西北八门武艺在回、汉之间的融合与传播，以及西北八门武艺在甘、宁、青、新的传播都发挥了重要的作用。

道教以及民间文化流传的天门、天齐、齐天、通天，在武艺棍法方面都存在现实的流传，天门有三十六式天门棍和四十八母子天门棍；天齐有三十六轮子、七十二折子、一百零八法的天齐棍；齐天有齐天大圣棍和猴棍；通天有四门拳、四门棍。

四、八门拳技棍法式子浅说

　　大道玄门有几般，无为本在修寂寞。日有魂，月有魄，五行造化勿妄测。乾是轮，坤是折，八门棍法在诸要。圆通灵妙在眼前，天门地户勿颠倒。

　　借用宋太宗《缘识》的字句，编纂诗词一首，只是这日月乾坤，轮折魂魄，尽在这圆通灵妙之中；天门地户，法式诸要，万勿妄测颠倒而误。由此对应一十二式歌诀以供天齐棍爱好者赏鉴。

　　　　　　天齐下天关，琵琶挎上肩。

　　　　　　抱肩镇地户，跨虎压山巅。

　　　　　　飞仙来提水，进山需出山。

　　　　　　若是许个愿，天王三清殿。

　　棍式诸家各有论述，有二十四棍式、三十六棍式、五十五棍式等，皆为诸家精要。八门拳技棍法十二式，有左右阴阳之变化，上下三蓬之区分，合计七十二式，如加以四象灵通的巧妙，细说起来就何止七十二式所能涵盖，但无论千变万化，十二式是八门拳技棍法的根本之母。

　　八门拳技之三蓬，在棍法上也称为三盘，棍法三蓬与拳法的三蓬三盘在使用上略有不同。由于"家什"的使用注重"人棍合一"和"远防近打"，故三蓬以泰山、跨梁、蒲团为主，泰山主打上蓬，跨梁主打中蓬，蒲团主打下蓬。如果按照现代武术解释，泰山就是高虚步或点虚步的步法变换；跨梁就是马步、弓步的步法变换；蒲团就是歇步、麒麟步的步法变换。现代有些棍式尽管很有美感，气势也很好，但其不合乎棍法之理，实际并不可取，正如八门拳技棍法谚语所讲，"抱肩不跨虎，跨虎没蒲团"，其中的道理是一样的。

　　口诀中对应的棍式有：天齐式、天门式、琵琶式、挎肩式、抱肩式、桑门式、跨虎式、压山式，飞仙式、提水式、进山式、出山式。民间流传中因方言、习俗避讳，有个别字义存在变化，如丧门式有桑门、沙门之说，飞仙式有水仙之说。丧门式实质并非佛家的桑门，这源自这个式子的本意，因丧门式本意在"丧门吊客"，式中带有"回马枪"的虚实诱惑，这用桑门是解释不通的，但为了避讳，用桑门就显得字义文雅，寓意美好。

八门拳技棍法在几百年的流传演变中，十二式也演化出不少的棍法套路，在八门拳技棍术中姹紫嫣红、争芳斗艳，这也是西北棍术不同于国内其他地区的独特之处。演化的棍法套路有：天齐棍（条子）、天门棍（条子）、琵琶条子（棍）、桑门条子（棍）、五虎群（擒）羊棍、压山条子（棍）、进山棍（条子）、出山棍（条子）。还有隐含的一些是：挎肩式演化六合（陆合）条子（棍）；抱肩式演化中平条子（棍）；飞仙式演化飞仙条子（棍）（水仙条子）、青龙条子（棍）；提水式演化紧加鞭（金家鞭）、红柳条子（棍）等。还有名曰虎棍，实则与出山棍法理相通的棍术，大约是取自猛虎出山的寓意。因这类演化较多，较难覆盖全面，这里不再一一列举。

其实十二轮子、十二折子，包括一些法式（兰州方言指招法）练法，也演化出不少的棍法套路，这里举几个特殊的例子。比如：风魔棍（条子）是以轮子中风魔轮演化为名；吊手棍是折子中吊法和扣法构成的吊棒法式演化为名；扭丝棍是折子拧法和翻法构成的扭丝法式演化为名；蒲团棍（条子）是以蒲团法式演化为名；黄龙棍（条子）是黄龙转身法式演化为名；等等。

八门拳技棍法由最基本的十二轮子、十二折子、十二式子、十二串子（连理）构筑了博大精深的理论基础，此又有"四十八母子"密宗之说，是演变众彩纷呈棍术套路的根本，这奇妙内涵使人由衷地感叹先辈们的聪明才智与智慧。

八门拳技棍式（势）图

如《天齐、天门与齐天、通天》一文中"八门拳技棍法式子浅说"所述，八门拳技棍法图式最基本为一十二式，由此演化七十二式，最终达到随心所欲、因势而变的无形妙法。一十二式以上蓬泰山法定式，这又与广为流传的、著名的天齐棍有关。"天齐"实际是泰山神的名讳，泰山法定式实际上也就是天齐棍法理套用的其他棍式，这也是天齐棍不同于其他棍式命名棍法的奇妙之处。

一十二式按照地方风俗以及流传的棍术特色，归纳为天齐式、天门式、琵琶式、挎肩式、抱肩式、桑门式、跨虎式、压山式，飞仙式、提水式、进山式、出山式。其对应歌诀如下：

> 天齐下天关，琵琶挎上肩。
>
> 抱手镇地户，跨虎压山巅。
>
> 飞仙来提水，进山要出山。
>
> 若是许个愿，天王三清殿。

为方便对照歌诀以及棍式名称探求"西棍"奇妙的踪迹，现将八门拳技棍式图整理如下。

一、一十二式基本棍式图

图1　天齐式　　图2　天门式

图3　琵琶式　　图4　挎肩式

图5　抱肩式　　图6　桑门式

图7　跨虎式　　　　图8　压山式

图9　飞仙式　　　　图10　提水式

图11　进山式　　　　图12　出山式

二、天齐式变式棍图

图 13　天齐式（1）　图 14　天齐式（2）

图 15　天齐式（3）　图 16　天齐式（4）

图 17　天齐式（5）　图 18　天齐式（6）

三、天门式变式棍图

图19 天门式（1）　　图20 天门式（2）

图21 天门式（3）　　图22 天门式（4）

图23 天门式（5）　　图24 天门式（6）

四、琵琶式变式棍图

图 25　琵琶式（1）　　　图 26　琵琶式（2）

图 27　琵琶式（3）　　　图 28　琵琶式（4）

图 29　琵琶式（5）　　　图 30　琵琶式（6）

五、挎肩式变式棍图

图31 挎肩式（1） 图32 挎肩式（2）

图33 挎肩式（3） 图34 挎肩式（4）

图35 挎肩式（5） 图36 挎肩式（6）

六、抱肩式变式棍图

图 37　抱肩式（1）　　图 38　抱肩式（2）

图 39　抱肩式（3）　　图 40　抱肩式（4）

图 41　抱肩式（5）　　图 42　抱肩式（6）

七、桑门式变式棍图

图 43　桑门式（1）　　图 44　桑门式（2）

图 45　桑门式（3）　　图 46　桑门式（4）

图 47　桑门式（5）　　图 48　桑门式（6）

八、跨虎式变式棍图

图 49　跨虎式（1）　　　图 50　跨虎式（2）

图 51　跨虎式（3）　　　图 52　跨虎式（4）

图 53　跨虎式（5）　　　图 54　跨虎式（6）

九、压山式变式棍图

图 55　压山式（1）

图 56　压山式（2）

图 57　压山式（3）

图 58　压山式（4）

图 59　压山式（5）

图 60　压山式（6）

十、飞仙式变式棍图

图 61　飞仙式（1）　图 62　飞仙式（2）

图 63　飞仙式（3）　图 64　飞仙式（4）

图 65　飞仙式（5）　图 66　飞仙式（6）

十一、提水式变式棍图

图 67　提水式（1）　　图 68　提水式（2）

图 69　提水式（3）　　图 70　提水式（4）

图 71　提水式（5）　　图 72　提水式（6）

十二、进山式变式棍图

图 73　进山式（1）　　图 74　进山式（2）

图 75　进山式（3）　　图 76　进山式（4）

图 77　进山式（5）　　图 78　进山式（6）

十三、出山式变式棍图

图 79　出山式（1）　　图 80　出山式（2）

图 81　出山式（3）　　图 82　出山式（4）

图 83　出山式（5）　　图 84　出山式（6）

八门拳技"棍杖"的传统制作方法

西北地区方言中的"棍杖"泛指棒、鞭杆、条子、棍、大杆子等木制器械，其属于方言中"家什"的重要内容。民间方言"家什"泛指所有的器械，"棍杖"特指木制的棍棒。"棍杖"是西北地区历史悠久、广泛受到各民族喜爱的武艺器械，其中棒、鞭杆更是过去山区普通民众出门随身携带的必备之物。

棒是比鞭杆短而粗的木棒，用法上有单手棒和双手棒的区分，棒头增加链头稍子，可变化为手连枷。棒的长度选取通常有三种：一种是双手中指尖相互顶齐后，以两肘尖之间距离为长度的棒；一种是与手臂长度相等的棒；一种是手掌伸展，以中指尖到肘关节距离为长度的棒。棒的粗细以手抓握时，除小拇指外其他四指可满把扣合为宜。

鞭杆是比棍短，比棒、棍细的木棍，因与牧羊的短鞭杆类似，故俗称为鞭杆。鞭杆一头较粗一头较细，两头并用，用法诡秘，在近战中往往出其不意，威力惊人。鞭杆的长度选择也是三种：一种是与棒的长度相同，即肘尖取长法；一种是心窝取长法，即鞭杆垂直戳地，另一头到心口窝的距离；一种是"十三把"法，即用手把取长，以累计十三个把数为长度。

条子是比棒、棍细的木棍，也是一头较粗一头较细，长度选择大致可以归为两类：一类是短条子，长度通常与身高相等；一类是长条子，长度在身高的基础上加两个或三个手把长度。

棍通常会比棒略粗，但同样是除小拇指外，其他四指应能吃紧扣合力，棍也可以和棒的粗细相同。西北八门武艺的棍是一头较粗一头较细的棍，但细的一头比条子的细头要粗。棍的长度选择大致可分为三种：一种是齐眉棍，即身体直立后，从地面到眼眉处的长度相同；一种是条子棍，即与短条子的长度相同；一种是长棍，即在身高的基础上加一个或两个手把的长度。棍头增加链头稍子，可变化为连枷棍。

大杆子学名为大枪杆子，可安装枪头，也可不安装枪头，平常训练时大多不安装枪头，故俗称为大杆子。大杆子一头粗，另一头细，粗的一头俗称"把"，"把"的粗细比棍粗，以手抓握时，除小拇指、无名指外其他三指可满把扣合为宜，距离"把"头一肘距离处应与棍的粗细相同。大杆子的长度要大于身体直立手臂上举后中指尖的高度。

明确了棒、鞭杆、条子、棍、大杆子的粗细、长短以后，制作的目标就明确了，这对选材、制作尤为重要。下面就分步骤介绍传统的制作方法。

一、选材

"棍杖"的材料讲求结实、密度大、柔韧性好，因此空虚、松软、轻飘、脆弱的材质就不能选用。针对上面的要求，常年生灌木、果木、硬木等是适宜的材料，比如牛筋木（山胡椒）、花椒木、丁香木、连翘木、红柳木、沙棘木、对节木（小叶女贞子木）、六道木（降龙木）、九道木、枸子木等材质密实的灌木，李子木、梨木、桃木、海棠木、苹果木、杏木、胡桃木（核桃木）、枣木等野生或种植果木，以及白蜡木、黄连木、槐木、榆木、柞木、橡木、铁木（桦木）、榉木、檀木等硬木。

不适合制作棍棒的木制有夹竹桃木、柳木、杨木、泡桐木、椿木、枫木、楸木、松木、柏木、樟木等酥松脆软的木质。

西北地区出产并广受人们喜爱的有牛筋木、对节木、六道木、红柳木、枸子木、野山枣木、胡桃木、黄连木等。

采伐时令上，以秋季落叶时为好。对于果木，可以选取初春时节剪枝期间，此时枝条刚返青色，尚未出芽，木质内营养物质并没有过多损耗，并且从剪枝中选材可避免过多地伤及果树。

选材时除长度符合要求外，在粗细上应选择比要求粗一点的树枝，这样去皮以后可以保证满足要求。

选材可以采取压枝、剪枝的方式，预先培养树枝的长度、均匀度，待生长达到要求后再进行采伐。

二、采伐和预处理

观察所选择枝杈是否满足长度和粗细的要求。另外，还要看枝杈是否弯曲、是否存在扭曲、虫眼。如果存在扭曲死角或者扭曲和虫眼过多，应弃之不用。

将满足要求的枝杈砍伐下来，两头砍平（现在是锯断齐口），将中间的小枝杈从根部削平，此过程中一定要注意保护好所选枝杈的树皮，特别是削平小枝杈时，不要过多损伤树皮。处理完毕后，一条树棍基本成型。

将砍伐成型后的树棍平放或吊放于阴凉通风处，放置 3～5 日（不宜时间过长），再用蜡烛将树棍两头以及中间所有伤口处滴上蜡烛油进行封口（旧时没有蜡烛时，采用涂抹动物油脂的方式进行封口）。

封口完毕后，将树棍与其他较直的木杆子绑在一起，放置于阴凉干燥、通风避雨、无虫害鼠害的地方，放置时间应达到一年以上，需经历四季变化，期间还需要捣腾翻转数次。

三、调直

调直采取火烧加热然后进行逐渐掰正的方法进行。仔细观察满足要求的预处理树棍，了解弯曲程度、木节树瘤位置，确定烧烤调直的步骤，其应遵循的原则：先扭弯后直弯、先小弯后大弯、先中间后两头。

烧烤所用的火源过去采用煤火、柴火、油灯、汽灯等，现今因家庭用火已经不使用这些，所以建议使用蜡烛，既安全又经济实惠。为了方便蜡烛火苗聚热以及防风的需要，可以用铁皮或钢管制作一个防风圈，高度有三寸左右即可。使用时可在蜡烛周围垫上砖，将防风圈置于砖上，随着蜡烛高度的降低，防风圈也随之降低高度。防风圈也可用粗的竹筒圈制作。

烧烤时，树棍需要烧烤的位置不要距离火苗过近，因为烧烤位置需要充分加热，掰正时才不至于劈裂、掰断，而木质的传热、导热性能没有金属快，所以烧烤是一个缓慢渐进过程，急于求成反而容易将树棍表面烧伤。烧烤时要不停地转动树棍，确保烧烤部位加热均匀。好的经验是在每一次掰正以前，一般选取两个烧烤位置，两个位置交替烧烤，通过时间交替让导热、传热过程更加充分，这样可避免表面过火而芯部加热不足、掰正时发生断裂的遗憾。

掰正时注意掌握树棍的柔性，有时急于求成，表面已经烧得温度较高了，然而实际芯部还是冷脆的，柔性表现并不好，回弹力度较大，硬性用力掰正很容易掰断，此时正确的方法依然是继续烘烤，直到热透，掰正时柔性回弹力度较弱为止。掰正用卡子或卡槽应选择圆形牢固的木桩或钢管，间隙是树棍直径的二倍。

依照以上方法和经验，直到树棍调直为一条直棍为止，此时注意不要对树棍进行剥皮处理。本文之所以称为树棍，也是强调没有剥皮的原因。

四、预使用

调直后的树棍擦净表面烧烤黑灰，就可以达到预先使用的效果。此时依然不要去剥树棍的表皮，且每次演练使用后，最好是吊放于室内，无吊放条件，立放于室内墙角也可，立放时注意时常调换角度。

预使用时间最好半年以上，期间如出现较大变形，继续采取烧烤调直措施予以修正。

五、最终成型

通过预使用阶段，树棍最终定型了，可以进行剥皮和打磨处理。

棒和棍剥皮后稍加打磨即可，不宜打磨得过于光滑，实际上棒和棍剥皮后，保留皮下质层即可，随着把玩时间的累计，其表面色泽会呈现古色古香的色感。最终处理好的棒和棍一般不用上油，如长期不使用需要上油，也仅是在演练使用过程中手上稍微涂抹一点儿凡士林或者甘油，通过手的把弄自然上油。

鞭杆和条子剥皮后需要打磨光滑，移把、换把时灵活顺畅，不能有挡挂、涩手的感觉。鞭杆和条子由于存在较重的打磨，其表面皮下质层基本受到破坏，因此需要上点儿油进行养护。上油养护可选择核桃油、橄榄油、花椒油、辣椒油等，具体选择根据木质本色确定，深色的宜上核桃油、橄榄油，浅色的宜上花椒油、辣椒油。鞭杆和条子上油处理后，需要时常擦拭，避免渗油涩手。

大杆子剥皮后打磨需要与使用部位对应，一般后把移动范围稍加打磨即可，前环移动范围可打磨光滑，但无需达到鞭杆和条子的光滑程度，其他部位无需打磨。大杆子上油养护，主要是在环把位到杆头的一段，而环把位至后把位处理与棍棒相同。

从以上传统制作的五个过程来看，一件称心如意的"棍杖"，从选材到制成，最少也要一年半的时间，而实际上最合理的时间应该在两年以上。市场上从山区来人出售的新制成棍棒，因为已经是最后成型的，所以使用者往往感觉不到其制作的历程，而且这些直接购买的"棍杖"，往往缺少预使用阶段、预处理阶段，也不会那么精细，所以保存不当很容易出现变形或开裂。

纪念"韩大师"

暗淡轻黄体性柔，情疏迹远只香留。何须浅碧深红色，自是花中第一流。

梅定妒，菊应羞，画阑开处冠中秋。骚人可煞无情思，何事当年不见收。

以宋代李清照的著名诗词《鹧鸪天·桂花》以示纪念，只是对于韩光明师傅，骚人的含义更多的是兰州武林吧！

图1 韩光明（右二）与家人及部分徒弟合影

韩光明（1933—2017），甘肃临夏人，兰州大学退休职工，绰号"韩大师"。为什么称"韩大师"？其实倒不是说武艺的大师，只是因为韩光明师傅碎碎叨叨的都是佛、道理论，也因为传承有一些货真价实的东西，但过于保守，所以往往说的时候山雾缭绕、欲言又止，骂的时候剥光殆尽、毫无情面，所以被人戴了"韩大师"的高帽。事实上，"韩大师"行事一向还是低调的，只是传话的人相当可恶，对此在众弟子的劝导下，晚年的"韩大师"已经多了很多平和。

韩师傅行事保守，行武的几十年中基本不参加官方办的任何活动，但私下的交流还是常有的，因为起初并不被场面上的名人所知，所以谈论起来难免出现一些惊奇，裴子园老先生就称其是"墙内开花，墙外红"，马德先生也曾强调过"韩大师是老把式里年龄最尕的"。

韩师傅年轻时当过兵，应该是国民党兵，为此"文革"时还下放到了农场改造，对于这些韩师傅不太愿意提起，有时涉及那段历史，他就会念叨几句"我们的方营长……"而在他说来方营长的刀法也是非常厉害的。韩师傅和很多人学过艺，如张佰川、赵硕洲、刘中岳、袁世五、白耀山、方学义、韩子芳等，当然其中有去浪门子的，也有入门入室的。在棍法上韩师傅是赵硕洲先师的入室弟子，而韩子芳既是他的启蒙老师，也是师兄。韩师傅的徒弟、学生也不少，如果算上亲朋好友、同门长辈举荐来的，人数会更多，而且不少还是武术届成名的人物。除了成名的人物自己去著述以外，这里仅记录甘心默默无闻的几个徒弟，其中有陶三（绰号）、王道生、贺宝元、马春兰、吕群、"法师"（绰号，民族大学进修喇嘛）、张忠（韩师傅外孙）、汪玉武、汪佑军等。

关于棍术，韩师傅常常告诫弟子，"棍是兵器之祖"，这不仅仅是因为上古时期，人类最先使用的武器是棍，更重要的是古代出现过民间禁止私藏兵器和演练武艺的时期，"我们的武艺圣贤将各种兵器之法，藏于棍中进行演练"，造成棍术包罗了各种兵器的武艺在里面，所以，棍是兵器之祖。

对于"天齐棍"的说法，韩师傅讲"十二轮的上蓬、中蓬、下蓬合计三十六轮"。

"关于折子有内外场两种说法，外场上说一轮含三折，折有阴阳，所以有七十二折，内场里就要细分十二人折式和十二小折，三蓬就是七十二折。"

"三十六轮是天罡，七十二折是地煞，合计一百零八法，也叫一百零八棍。"

"顺序上有一轮子，二折子，三势子，四排子，五条子，六棍子。按照顺序逐渐学，按照倒序参悟用，所以最先学的是轮子、折子，但最后参悟和深奥的也是轮子、折子。"

"十轮八折是四十八母子里的，由十二轮里取掉两轮变成了十轮，折子只强调了八折。""棍是兵器之祖，远古人类以棍棒竹竿狩猎和自卫，古代多个朝代禁止民间留存兵器、铁器，刀削面就是这么发明的，所以民间将很多兵器之法潜藏于棍上演练。"

以上韩师傅的讲述与"天启棍"的讲述没有多大出入，因此不再赘述。为表对韩师傅的怀念，特将撕拳口诀、棍法四十八母子诀、天齐排子口诀、天齐棍铁牛一支歌(花儿)予以抄录。特别对于撕拳口诀，因撕拳是母子拳，有天干撕拳的尊称，是八门拳中最根本的母法，所以其口诀尤显重要。

撕拳口诀所见版本最早的是郝心莲教授于1987年出版的《八门拳术》一书中天干撕拳的歌诀（简称1987版），此歌诀得到了广泛的流传，其后1992年郝心莲教授在《炮拳·九环捶》一书中附录二"八门拳术歌谱——撕拳"又重新予以刊录（简称1992版）。1987版每句分上、下七言诗体，总计10句歌诀，1992版与1987版结构相同，总计8句歌诀。两个版本的歌诀从风格上看没有太大区别，除1992版比1987版少两句以外，其余是语句及一些用词的区别。2018年由陈永兴先生主编的《八门拳总谱》一书中也收录了撕拳歌诀（简称 2018 版）。2018 版歌诀也是分上、下七言诗体，总计 10 句，内容与 1987 版歌诀没有太大变化，区别也是个别语句和用词。笔者跟随韩光明师傅学习撕拳、炮拳多年，对韩师傅的撕拳口诀深有体会，此口诀不仅对韩师傅传授的撕拳有"形"的描绘，更对"意"有深刻体现，同时包含了一些撕拳的精妙招数名称，对照套路一目了然，没有过多虚夸冗余的话语，堪称套路与口诀编排的佳作。

棍法四十八母子诀，早已经由陆建军、陶三抄录在兰州武林流传，只是陶三在示与他人时，因人而异私自进行了改动，当然换的酒越多，改动的也就越少，陶三师兄生平就好这口，只可惜先于师尊作古，也借此予以怀念吧！

天齐排子口诀总共 4 句话，每句字数并不是以诗词的方式有固定安排，但朗读起来依然不失口诀的韵味，最难得的是简洁明了，非常便于记忆，这大概是民间武艺传播文化与地方民歌韵词结合的产物。

铁牛一枝花是以甘肃花儿的形式，对天齐棍的打法进行描述，具有实战经验方面的浓缩与总结。甘肃花儿是河西、陇南地区深受回族、汉族、藏族、东乡族、撒拉族等民族喜爱的民间曲艺艺术，尤以甘肃临夏地区最为浓郁。甘肃花儿具有 400 多年的历史，现今与青海花儿、宁夏花儿共同组成我国西部地区"花儿"民间艺术。从历史演变来看，1929 年甘、宁、青分治以前，"花儿"其实就是甘肃花儿，更确切地说是临夏花儿。

天齐棍歌诀总计 6 句，在记录主要法式的基础上，隐含体现天齐棍套路的六个演练趟子，简单明了，通俗易懂，且最大的特点是便于记忆，这大概是方便民间流传的一个重要特点。

1987 版撕拳口诀

拥手单鞭如对架，左右双腿染黄沙。

手执裹晕英雄怕，捆拳换拳紧相架。

扯钻开肘人倒去，迈步前进又回家。

拥手十字单鞭势，三撕两穿真可夸。

就地火龙鸳鸯腿，大炮夺窝眼中花。

背心提肘当心打，弹腿梢腿肉中麻。

叶底盗桃随手取，大鹏展翅随势发。

穿枝一发闪破救，摇闪摆步后带胯。

封步单撒随势上，对捶三拳金刚怕。

要知此拳名和姓，八阵图中是它家。

1992 版撕拳口诀

拥手单鞭如对架，左右双腿染黄沙。

手指裹红英雄怕，过腿换拳紧相架。

扯攒开肘人倒去，破步进前又回家。

拥手十字单鞭势，就地火龙鸳鸯腿。

背心提肘当心打，大炮夺窝眼中花。

叶底盗桃随手过，探腿梢腿肉中麻。

穿枝一发闪破救，大鹏展翅分上下。

背腿三拳金刚服，八门撕拳走天涯。

2018 版撕拳歌诀

拥手单鞭如对架，左右双腿染黄沙。

裹肱手指英雄怕，寸步换拳紧相架。

撕扯开肘人倒去，迈步前进又回家。

轮手十字单鞭势，三撕两穿真可夸。

就地火龙鸳鸯腿，大炮夺窝眼中花。

背心提肘当心打，弹腿梢腿如追马。

月里盗桃随手取，大鹏展翅身斜发。

穿枝一发闪炮救，摇闪进步后带胯。

封步单撒随势上，对面三拳金刚怕。

要问此拳名和姓，一路撕拳出八门。

韩光明撕拳口诀

八门出世在六爻，拨云见日双挑袍。

前有探马朝阳式，后有五行梅花炮。

云手鞭，无对架，左右双腿染黄沙。

裹肱手，英雄怕，移步换拳紧相加。

辘辘换肩闪颇走，翻颠倒插擗腕拿。

通天炮，捶窝花，封步单刹又单杀。

佛汉手，抖袈裟，太子上殿总有夸。

鹞子翻身扯到家，靠山起宝袖里发。

撕出天干有地支，阴阳相抱是总法，

世人若能精此艺，防身护体不用怕。

棍法四十八母子诀

十轮八折辘头先，

云里拨灯莫等闲。

金夹鞭，紧相连，

接地雷，震动天，

翻天印倒打扭丝缠，

天门落地在当面。

三跨步，誓当先，

乱劈柴，打两边，

上下天齐急忙转，

浪里淘沙黄龙现。

天齐排子口诀

头宛飞仙二跨肩，三宛黄龙转身随手变，

四宛穿体金绞剪，又拦路来铁门栓。

天齐棍铁牛一支歌（花儿）

天齐棍从来出世两手儿玩，一动一定不离肩胯。

从上来喽怀中抱月，从下来哈铺盖旋窝。

左手掀花尼玛右手上打，

右手掀花喽哈左手里打，

左右掀花可麻大着哩，阿姆要换手打了。

天齐棍歌诀

铁牛耕地不用忙，

拨草寻蛇在勾魂枪。

上掀花打下砍马桩，

下掀花锁住铁甲脱缰。

三点头紧拾掇铺盖旋窝，

乱劈柴砍罢平川放马。

　　水淡泥器，黄河依旧称哺育。山峦古道，九转孤烟细。　天际征鸿，遥认行如缀。平生事，此时凝睇，谁会凭栏意。

　　将宋代王禹偁《点绛唇·感兴》的词句加以改动，以此抒发对于兰州八门武艺的感叹，太多太多以传说论证传说的世俗事，真就是"谁会凭栏

意"啊！

"80 年代以前（1980 年以前），对于天齐棍哪里有那么多争议？结果让他们越是发扬光大，争议越来越多，弄得现在连名字和祖宗，都让后生们搞不明白了，这是狗把酥油吃上了，没有起到好结果。这样的发扬光大就是在糟蹋武艺。"这个观点让韩师傅临终前都愤愤不平，可见他老人家对武艺的热爱与维护，达到了非常痴迷的境界。

有人说的"西棍之冠"，或也称"河州棍"，其实归纳起来似乎都在说一种棍名，而这个棍名由于各家名称文字上的差异，反让人不好下笔，倒是方言读音最为直接，这似乎就少了很多争论，且绝大多数门派至少都不否认祖师爷"王大脚"，这也是难能可贵的一致。至于常巴巴传马孝个一说，据其门派考证，现在看来是铁板刘道传马孝个，应该与常巴巴无关，而如果陈继业与马奇术（大古白）是师兄弟，则更能说明这点。至于"王大脚"祖师爷的师祖为何人？统一的认知是个出家人，其实各家能统一到这里就足够了，因为再之前西域没有这个棍名，所以再往前的所有说辞，在没有早于"王大脚"祖师爷的历史证据佐证的前提下，都只能是建立在传说和推测基础上的考证。而对于这个出家人到底是和尚还是道人？那么假如 100 年内不相关联的门派，有多个门派有一致的传说，那么这个传说的可信度就极高，因此蒙难高僧假扮道人的说法更为可靠。

"天齐棍"和"天启棍"，文字上虽然一字之差，但方言上大家都知道在说什么。这个沟通是没有困难的。风风雨雨这十来年，其实只有"天齐棍"和"天启棍"在名称上的争议还是糊里糊涂，但其实在内在棍法上，二者却是共同的，所以这个争议本身就不应该成为争议，倒是最初引起争议的那拨人需要反思，这或许要追溯到 1931 年的《续修导河县志》，但在悠悠历史长河里，1931 年至今还只能说是短暂的，何况编写县志的人可能又不是门内人，而讲述的人也许也不知道是哪个字，毕竟那个时代武艺人普遍文化水平不高。"我们赵爷（赵硕洲）家境比较好，从小会识字，做着药材和粮油生意，兰州城里都有铺面，他也没说是天启年的启，不是齐天大圣的齐。"

新疆在"天启棍"方面的文章起步得早，在文献研究方面影响也就最大，但"研究"这个词用得不好，似乎成了传承以外研究出的东西，这容易让人理解是后来的发现，也就淡化了家传这个重要因素，这估计是发表论文方面的用词习惯。

临夏对"天启棍"的披露开展得晚，这也包括青海，但一些门派引入常巴巴传马孝个的说法，又造成不少混乱，实际祖师爷不是独传给魏廷魁祖师爷的，已知的之外还有传人，就是假扮道人的"蒙难高僧"祖师爷，也不会是独传给"王大脚"祖师爷的，因此"天启棍"就是"魏家棍"的说法，临夏人自会有说法，当然不论怎么说，魏廷魁祖师爷的贡献绝对不可磨灭，因此"魏家棍"必然会占有非常重要的位置，我们这门受惠保留有魏家一脉，也是"魏家棍"的传人，也不避讳这个事实。

照理省城是政治文化的中心，更何况 1929 年以前，兰州是甘、宁、青的省会，在这以前没有青海和宁夏，因此省会自有省会的传承，但遗憾的是现在兰州也没有个正点的说法。还是抱守归真"宁叫失传，不叫乱传"吧！这样对不住祖宗，起码还对得起武艺。

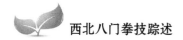

怀念兰州土门墩
封手门老拳师陈德明

　　兰州土门墩历史上是指柳家营往西5里的村子，也就是出兰州西关往西15里左右，现在西津西路上还有土门墩站。随着历史的变迁，兰州土门墩村实际迁至了南侧的彭家坪上面，有一段时间统称为土门墩新村，陈德明老前辈居住在现在的上门墩村。兰州土门墩封手门，也伴随这个历史变迁，实际已与山下的土门墩没有多少关系，但在兰州武术界，依然习惯将六大王继承的封手门，称为兰州土门墩封手门。

　　我很早就听说过八大王、六大王、陈德义、陈德福等兰州封手门的老前辈，跟随李福安师傅学习封手拳后，又知道了陈兆贵、陈德明等前辈，受家族辈分传统的影响，我知道陈德明前辈的辈分是较高的，而且是当时健在的"德"字辈里为数不多的人。我第一次见德明前辈是在2004年，当年4月底，兰州市武术协会在兰州体育公园中立桥南侧举办武术表演活动，德明前辈和王成新师叔受邀表演行步攥拳，这也应该说是行步攥拳首次在公众面前表演。我作为同门晚辈，李福安师傅的徒弟，经李师傅引荐，拜识了德明前辈和王成新师叔。那天德明前辈和王成新师叔表演的行步撺拳，引起了不小的轰动，很多人没有见过徒手跑排子的练法，感到非常新奇，当见到二位民间高手干净利落的打法的时候，观众为他们精湛的武艺报以多次热烈的掌声。表演比赛结束之后，最令我难忘的是在我们同门友人一起吃饭的时候，在德明前辈和王成新师叔见证下，我和郭玉厚一起向李福安师傅补办了入门拜师礼。

4月份见面以后，紧接着在当年10月份，甘肃省武术协会在兰州铁路局职工培训中心举办武术表演活动，我参加表演了封手门的陆步架子，德明前辈也表演了封手门的武艺。这次表演结束后，封手门的众人还应邀到德明前辈家做客，大家喝酒、畅谈了很久。2005年2月春节期间，我专程给德明前辈和王成新师叔拜了年，拜年期间我又咨询了德明前辈一些封手门的往事，了解了不少前辈间的关系。然而，非常遗憾的是，没过几天，2月18日，德明前辈因心脏病突发，离开了我们。出殡的那天上午，我们专门在德明前辈家门前，拉场子表演封手门武艺，以示为德明前辈送行。

陈德明（1945—2005），出身于武艺世家，父陈海明是兰州赫赫有名的八大王陈登魁的姑舅侄子，在德明前辈的叔伯姑舅辈里，武艺名家还有八大王的徒弟六大王陈林，及兰州郑家庄著名大把式"尕鞋匠"郑洞海。同辈家族兄弟中，有陈德福、陈德义、陈兆贵等众多兰州武艺届知名人士。

早年德明前辈拜张佰川的徒弟胡大庆为师，习登州锤、小母子、展母子、手母子、关西锤、八门锤、醉单拳；拜六大王陈林的徒弟姚伯为师，习练棋盘母子、封手母子；拜王良爷为师，习练行步撺拳；拜六大王陈林为师，习练通背母子。按照兰州土门墩封手门的传承辈分，李福安师傅是陈兆贵老先生的徒弟，所以德明前辈属于我师爷辈的前辈。

据德明前辈介绍：兰州封手门是八大王创立的，所以土门墩传承中没有八门拳的说法，只有封手或封手门的传授，封手拳是从福建传来的。

他曾经讲："清朝后期西固王德成王老爷的尕爸在辕门上是个更夫，辕门就是现在的省政府，那个时候就是威震西北的陕甘总督府，在明朝还是肃王府。

"冬天的一个晚上，天气冷得很，王老爷的尕爸打完更了冻得不行，又不敢睡觉，怕误了官家的差事，就在院子里玩撕拳、炮拳。

"王老爷的尕爸武艺也好得很，结果他玩的时候让辕门里的稿爷看见了，稿爷就相当于现在的秘书，稿爷笑王老爷的尕爸拳练得不行，那个时候把式们都是'人可输艺不能输'的性子，结果两个人就干上了，哪知道王老爷的尕爸连着几次都输了，就这样王老爷的尕爸就拜了稿爷为师，学了封手拳。

"兰州封手拳第一代是福建来兰州的稿爷，王老爷的尕爸是第二代，王德成王老爷是第三代，八大王跟王德成王老爷学是第四代，陆（六）大王陈林是第五代。

"八大王教哈的人多得很，佰川老师傅、陆（六）大王、陈七爷、杨八爷、干鼻子，武威的、青海的都有呢！干鼻子姓张，他爸叫张麻子。

"八大王的师傅也多着呢！有四个师傅，封手是西固王老爷的，所以我们门上说封手的娘家在西固，根子在福建呢！八大王跟严爷学了虎棍排子，天水兆林爷跟前学了虎枪，范坪杨拆手杨爷跟前学的撵拳。

"在我们土门墩封手门上，八大王是第一代，陆大王是第二代，陈德福、陈德义是第三代，我的亲哥陈兆贵和我就是第四代。陆大王给我教过通背母子，可是我的几个师傅都是第三代里的，我也就是第四代里的，这个辈分不能乱。

"佰川老师傅和陆（六）大王都是八大王的徒弟，两个人练的风格不同，主要是两个人的先天不一样，先天是娘胎里带来没法改变的东西。

"佰川老师傅练的是大劲手，就是步子、身架、劲力都打得大些呃，劈、拦、砍、切的劲。

"陆大王打的是小劲手，小劲手是灵巧劲，都是缠、裹、拧、翻的劲，进退扭转快得很。我是大劲手、小劲手都玩过，东西都好得很。

"打拳心甜了不成，心甜了吃亏呢!

"民国十八年的时候，闹饥荒着呢! 两年里天不下雨，地里的草都干到嘍! 那一年走的人多得很，八大王也是那一年里走嘍!

"我的娃们玩得不多，现在给孙子教着些，等些日子再给说个尕母子嘍玩岂。现在的娃们作业多得很，学哈的东西不知道多不多，背的个书包我都试着重得很。打人的事再就不说了，就是不要把这些好东西断到嘍。"

"我们西北打拳的行头都是黑的，腰带的扎法是虎头结，虎头结是圆的，没有累赘，打拳的时候没有扯挂，蝴蝶结、梅花结不行，那是女人们扎的，不要说人家扯挂，自己挂住了也颇烦得很。"

德明前辈已经离开我们十多年了，现在每当观看他当年雷厉风行、干净利落跑撵拳的影像资料，都让我回想起当年的历历往事，也激励着我们后来者，始终眷恋于乡土武艺的这份故乡之情。

图 1　2004 年兰州体育公园中立桥合影

田继福（前右一）、陈德明（前右二）、王金铭（前左二）、李福安（前左一）

王成新（后右一）、孙金海（后右二）、崔延仲（后左二）、吕　群（后左一）

兰州武林"四大奇才"之一
尹兆禄

尹兆禄祖籍甘肃兰州，兰州市第二中学退休职工。尹兆禄师傅 1942 年出生于甘肃省兰州市，青少年时期师从兰州著名拳师郑洞海（尕鞋匠）习练撕拳、炮拳、登州锤，师从王伯温习练斩母子，此后多方拜访名师，先后又师从方学礼学习劈挂拳、八极拳；师从赵维魁习练高家枪、琵琶条子；师从管启泰（尕皮匠）习练扭丝棍、双挂印、吊手鞭；师从兰州人宋明德习练天启棍。因为有师从兰州多家武艺名家艺人的经历，尹兆禄师傅虽酷爱武术，但并不封闭保守，在与武林同辈交流探讨中相互学习、互补有无，所以还从临洮人张志普处交换学得蒲团条子，从王德功处学得缠海鞭杆。

20 世纪六七十年代，王德功、张克俭、刘宝禄、尹兆禄被兰州武林的老艺人赞誉为"四大奇才"。

图1　尹兆禄师傅与部分徒弟合影

和尹兆禄师傅谈起他们那个年代的习武经历，尹兆禄师傅就感叹现在的年轻人是身在福中不知福。尹兆禄师傅常常讲："在我们那个年代学武很不容易，老把式都很保守，不把老把式满散好（兰州方言，孝敬好的意思）不教给你。

"那个时候交通也没有这么方便，自行车按现在算就是豪车了，不是每家都有的，我们常常是步行十几里路到师傅那里学艺。

"我们那个时候都年轻，家里没有钱，上班了工资也低，发哈的钱省着用，逢年过节的就要给师傅提酒、肉、点心。王德功家境好，家里是开铺子的，张克俭还是沾哈他的光，王德功出钱他们两个一起学武艺的。"

听尹兆禄师傅讲他们那个年代学武的经历，让人由衷地敬佩他们对挚爱的武术所付出的艰辛努力，更是感怀他们现在孜孜不倦、不图报酬，只为了武术传承有继的历史责任，中华武术正是因为有这样无私无悔的继承者，才得以源远流长，绵延不断。在谈论武艺、回顾历史的过程中，尹兆禄师傅更是深情地表达出对诸位尊师的怀念。

"王伯温老师是先和张佰川学习了封手拳、兰州拳的，后来又跟马凤图学习了劈挂拳、八极拳，他当过国民党兰州国大代表，和马凤图老先生都是官场上的人。

"方学礼老师是兰州机场（焦家湾老机场）的机械师，收入高、家境好。

他跟马英图老先生学习的八极拳，是老先生为数不多的弟子之一。晚年方老师患有高血压，但依然坚持不懈地练武，最后遗憾得很，为了给学生们演练八极拳，演练的时候就突然病故了。

"管启泰老师是兰州震旦皮革厂的，个子不高，喜欢喝酒，绰号尕皮匠。管老师从罗义源那里学得扭丝棍、双挂印、吊手鞭等家什，他是罗文源的关门弟子。罗文源是棍王王天鹏老先生的徒弟，也是马凤图老先生的小舅子。

"王天鹏本来是山西人来走镖的，本就有一身好武艺，但他还虚心去临夏学习交流过棍法，因此临夏天启棍和罗文源、管启泰、宋明德的关系就是这么来的。宋明德是管老师的大徒弟，他的天启棍只露过两趟子。

"管老师喜欢喝酒，我跟随管老师以来给他买的酒，总量可以用卡车拉的。所以管老师是罗文源的真传弟子，我是管老师的真传弟子。

"赵维魁老师是棍王王天鹏的徒弟，高家枪、琵琶条子是他最喜欢的武艺，现在兰州的高家枪、琵琶条子大多出自他那里，他的鹰拳也靓货得很（兰州方言，非常好的意思），现在你们师兄弟白建国的鹰拳就出自他的门上。

"张志普是邸世礼老师从临洮请来的，属于临洮王大化老先生门派的弟子，他喜欢我们的琵琶条子，就用他的蒲团条子跟我交换。"

也许是因为尹兆禄师傅参加的公开活动少，工作环境也没有高校教授那么便利，所以他的名气没有被誉为兰州武林"四大奇才"的前三位那么大，学生也没有他们三位多，但这丝毫不影响他为传承武术所作出的贡献。在60多年的习武经历中，尹兆禄师傅教授的徒弟有王成、吕群、金钊、白建国、饶世树、张继衡、马文标等多人。相信在尹兆禄师傅的教导下，这些后来者一定能不辜负老师傅们的期望，将武艺一代一代地传承下去。

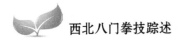

兰州土门墩封手门
第五代传人李福安

李飞　吕群

李福安祖籍江苏徐州丰县，1947年2月28日出生于陕西省西安市，从七岁开始跟随西安著名拳师安三才习练少林两仪炮锤武艺，后又投师张鸿道老师门下学习赵堡小架，与全国大力士丁全福老师习练过中国式摔跤。

20世纪60年代，李福安从西安考学到兰州，后在兰州通用机械厂参加工作。当听闻兰州封手拳十分厉害时，他就想要系统地学习兰州封手拳，但那时候封手拳在土门墩一带是不外传的，他为了达到学习封手拳的目的，多方委托厂里当地的同事引荐。功夫不负有心人，李福安先是拜在兰州八里窑罗授堂门下，习练封手拳术，罗老师去世后，又拜封手门第四代传人陈兆贵老师门下学习封手门武艺。那时候他往往一下班就直接赶到土门墩坪上的陈兆贵老师家里，从兰通厂上土门墩坪路不好走，自行车是一会儿骑一会儿推，等到了师傅家就先帮师傅做一些家务，之后才开始跟师傅学拳。那个年代大家生活上都不富裕，特别是农村，生活显得更紧张，李师傅的工资是一部分补贴家用，一部分用来帮助师傅，日积月累，由于他的执着和诚心，再加上刻苦勤劳，悟性又高，陈兆贵老师逐渐把封手门内密不外传的绝学传授给了他。

图1　李福安师傅练拳照（一）

由于学艺艰辛，以及对封手拳的酷爱，李师傅以传承封手门武艺为己任，悉心钻研，广泛宣扬与交流，通过他的不懈努力，封手拳不仅在兰州又声名鹊起，而且在全国范围内得到很好的宣传，为封手门武艺传承做了很大贡献。

2015年首届平凉崆峒国际武术节上，李福安应邀前去表演。开幕式上他表演了一套封手芯子，只见他在场上展法上下翻飞，步法灵活，身形合一，提水展、阴阳展、五点梅花展、虎扑展……让人眼花缭乱；走跤、抬跤、中字跤，让人防不胜防。他的表演不仅打动了现场观众，也给四川青城派掌门人刘绥滨先生留下了很深的印象，表演结束后，刘绥滨先生特意找到李师傅进行交谈并合影留念。

图2　李福安师傅练拳照（二）

李福安曾任兰州市武协委员，甘肃省八门拳研究会副会长，兰州黄河武馆馆长，新疆八门拳拳友会顾问，新疆武协八门拳研究会高级顾问，国家三级武术裁判。他多次以领队、教练的身份带队参加省市级比赛，并取得优异成绩。仅李师傅个人就取得过 2006 年武当世界传统武术节传统拳术金牌、2009 年山西右余全国武术精英赛三项金牌、香港第十届武术节拳术和长器械两项金牌、2015 年平凉世界武术节拳术和长器械两项金牌，另外，在甘肃省、市级比赛上取得的第一名也有 30 多项。他突出的成绩与精湛的武艺，得到了《兰州晚报》《兰州晨报》《兰州鑫报》《西部商报》《平凉日报》的专访报道，省、市六家电视台对他还进行了专题采访报道。

鉴于李师傅在宣传与继承地方传统武艺方面的突出贡献，2008 年他被省武术协会评为武术优秀辅导员；2015 年被评为兰州市"百名武术优秀老拳师"；2017 年兰州市《七里河区文史资料》（第六辑）人物春秋专栏，收录了李福安的个人介绍与习武经历。

图 3　李福安（后排左二）、陈玉清（后排左三）、刘金祖（后排左四）、唐国寿（后排右三）、陈永兴（后排右二）等与小队员合影

李师傅教拳不保守，他抛弃老旧的门派观念，广传弟子，只要徒弟肯学，就毫不保留地教。他常说："拳是自己练的，真正喜欢武术，把自己的拳好好练，练出功夫别人自然会尊重你。"他还说："拳打万遍，不打自转。"他除了给大家讲解套路的用法之外，还经常督促徒弟对于所学的拳法要勤练不辍，与人交手，自然而然手上就有东西了，尤其是封手拳。

李师傅自习武至今，没有靠教拳吃饭，却比收学费教徒的老师更用心、更认真。他教的徒弟也很多，对封手拳的宣传与传播，可谓是功德无量。他的弟子遍及新疆、青海、福建、山东、河北、辽宁、浙江、江苏等各省，甘肃省内的平凉、永登、临洮、张掖、陇西、定西等地武术爱好者慕名前来学习的也不少，这之中有李茂森、赵毅、吕群、吉国昌、何其怡、刘银财、安铎、罗宝庆、陈忠庆、李飞、张武元、刘玉乾、李玉君、尚自正、白建肃、苏洁、赵炎、罗宇君、张友平、徐治国、高明、王文吴、宋铭飞等人。

图 4　李福安（左）、陈兆贵（中）、朱广明（右）

图 5　李福安（右二）、陈德明（左二）、王成新（右一）、吕群（左一）

怀念甘肃省武术馆教练柳永孝

电影《少林寺》和电视剧《武松》的公演，形成了20世纪80年代初期国内的武术热，也推动了以影视剧为代表的武术表演艺术性的发展。在那个年代，年轻人关心武术的首要事情并不是能不能打，而是摆的造型够不够标准，按照现在的话说就是pose够不够酷。我那时正是十五六岁的小伙子，尽管之前不成系统地学了点民间武艺，但受大氛围和同龄人的影响，对武术表演也产生了美好的愿望，在这个愿望的支配下，我与好友崔国斌一起参加了甘肃省武术馆在兰园举办的武术学习班。记得在开班仪式上，馆长邸世礼老先生作了简短发言后，就把我们这些学员介绍给了教练柳永孝老师，柳老师讲话没有提到任何有关传承方面的事，对于他的师傅是谁，更是没有提一句，并没有像现在某些人先用师从某位宗师来提高自己的身价。那个时代的人们都还是非常真诚、朴实的，说句心里话，由于当时对兰州武术界并不了解，对兰州通备武术也了解不多，因此看到柳老师身材不高，还戴着一副眼镜，起初内心里还真有点不安的感觉。

学习班每周一、三、五晚上七点开始，说是到九点结束，实际每次几乎都到了九点半。刚开始学习地点在兰园省武馆门前，后来因为场地太小，就转移到了儿童公园（现城关黄河大桥桥南市民广场）。柳老师每次都是最早来到练习地点，等大家陆续到来后，先开始跑操、热身练习，之后是压腿、下腰、踢腿等基本功练习。我们的学习是从通备弹腿开始的，之前的基本功练习并没有什么太多感触，但是开始学习弹腿以后，就被柳老师的功夫深深地震撼了，再到后来的劈挂、翻子的学习，更是对柳老师产生了发自内心的敬佩，这也让我对当初的不安感到幼稚可笑，功夫不外露，以我们当时的年龄，无论如何是仅从外表揣度不出来功夫的，我们与柳老师初次见面的感觉，恰恰是自己幼稚的表现。

记得学习班大约是 5 个月为一期，学费 5 元，对于每期坚持并且练得不错的学员，当有困难交不了学费时，柳老师不仅自己为学员垫付学费，还动员班上有工作的学员帮忙暂时垫付学费，不使其学习中断。5 元钱现在看来微不足道，但在当时，工厂学徒工一个月的收入也就是 18 元，虽说那会儿工厂开始有点奖金，但大多数工厂每月奖金也就是 10 ~ 20 元，所以 5 元钱在当时也很有购买力。对于为学员凑学费这件事情，让我理解了钱对于学武的人不应该是一个拦路障碍。这件事也让我看到了柳老师那种敬业、善于助人的优良品德。柳老师当时在兰州市园林局绿化队工作，工资收入并不高，并且结婚不久，大女儿也就是 2 岁左右，家住在兰州人民剧院内的小平房里，生火做饭取暖都要购买煤炭，上面还有老人，生活的压力也不小，但是柳老师从来不跟我们这些学员谈及这些家里事，也从来不说自己的住处，我和崔国斌找到其住处还是有一天下课后，偷偷跟踪柳老师才知道的。现在想来也有不少遗憾，因为距离远，我们住在西站这边的郑家庄，而且还在上学，虽然知道了柳老师的住处，但除了去拜了几次年，平常还真没有去帮过什么忙。

两年的学习中，我先后学习了通备十趟弹腿、一路劈挂、三路劈挂、翠八翻、站桩翻的武术套路，后来家里让考大学，最终无奈在 1984 年中断了这段习武经历。记得 1985 年考上大学和柳老师辞别的时候，柳老师给予了我极大的鼓励，也表露出很大的惋惜，我那时在学习班里绰号"少林寺"，也是练得不错的几个学员之一，按照柳老师的说法，如果不去上大学，在武术方面的发展也是非常有前景的，但毕竟那个年代能考上大学是一件非常了不起的事情，柳老师在为我祝贺和高兴的同时，也寄希望于我在武术方面能始终坚持下去，带着这份寄托，我也始终没有间断练武的生活。

大学毕业后我回到兰州工作，此时已经跟随韩光明老师傅开始系统地学习兰州八门拳武艺，再加上兰州城市变化很大，一度和柳老师失去了联系，等再见到柳老师的时候，已经是 2003 年了，此时，他因为严重的糖尿病已经提前病退。实际柳老师患有严重糖尿病的时候，也依然没有放弃对武术的挚爱，他经常清晨到五泉山公园晨练，时不时地给跟随他练武的徒弟指点，我有幸在和韩光明老师傅练武之后，只要柳老师还在公园里，也去看望他，其间也去过他位于中山林附近的住所看望他，每每谈及当年在甘肃省武术馆学习武术时，柳老师言谈间依然显得那么真挚和热情。

2011 年的时候，偶然间得知柳老师去世的消息，让我感到非常惊诧和惋惜，内心也充满了遗憾。现在每每回想起来，当年他英姿飒爽的行拳风貌，仍然是我挥之不去的记忆，他对武术的执着，更是激励我对武艺研究与继承的决心。正是有千千万万像柳老师这样无私、执着的武术爱好者，中华武艺才如黄河之水源远流长，犹如祁连山的山脉绵延不断，让平凡彰显出不平凡！

兰州郑家庄的少时记忆

——记我的启蒙师傅陈克信

20世纪70年代，郑家庄归属兰州市七里河区彭家坪人民公社管辖。郑家庄村庄的范围，东侧以郑家庄路为界，紧邻兰州轴承厂家属区梨树院；南侧以火星街为界，紧邻兰州兰石厂三分厂；北侧以光华街为界，紧邻兰州郑家庄火电厂平房大院；西侧至省建七局（现甘肃第一建设集团有限责任公司金建嘉园）这片区域。郑家庄的耕地除在庄子北面紧邻光华街有很小一块外，其余都在黄河边，向西一直接近马滩村的范围里，70年代主要种植小麦，只有很少的地种植一些蔬菜，到80年代以后才以种植蔬菜为主。

在那个时代，郑家庄路与光华街十字路口的西南角是庄子的麦场，麦场南面靠路边是铁匠铺子，这里不仅是我们这些娃娃看打铁看稀奇的地方，也是庄子上的老人们经常扎堆晒太阳的地方。老人们另外一个聚集地方，是现郑家庄路与光华街十字路口的东北角的供销社（郑家庄变电所马路边），这也是那个年代周围1千米范围内唯一的商店。因为商店出售散装白酒，5角左右一斤，5分钱左右就可以买一两，所以常有一些老人来这

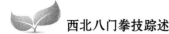

里喝二两，然后在门口晒太阳聊聊天。其实每次见到喝了二两的老人那个自豪得意的表情，当时懵懂的我并不理解其中的含义，现在想来那是一种自豪和炫耀吧！

20世纪70年代郑家庄吃水常常会出现一些问题，时常有村民到隔壁的梨树院和电厂大院去担水，加上村民放养的猪也偷偷到这两个大院拱吃垃圾，以及皋兰、安宁等村民偷盗本应归属郑家庄村的两个大院旱厕的有机肥（当时是主要农作物肥料），这里面欢欢喜喜、恩恩怨怨的故事很多，也都算是时代的记忆了！

"文革"后期的1973年，全国地方居委会成立"向阳院"。"向阳院"说是居民自治性的群众组织，实际由企业和居委会主导，隶属居委会，集社会管理、政治教育、治安调解、文化生活多种职能于一身。郑家庄周围的梨树院、电厂大院、兰石西院也都成立了"向阳院"，而且为了让孩子们不去四处淘气，"向阳院"还专门针对孩子们组建了一些感兴趣的活动小组，电厂大院和梨树院都成立了武术队，郑家庄里尕黑爷在自家庭院里也带着徒弟。因为尕黑爷的武艺是旧社会传过来的，受当时社会政治倾向和传统武艺保守思想的影响，他们始终没有公开演练过。向阳院武术队不收费用，也没有什么约束，孩子们也是隔三岔五地凭兴趣参加，一些需要带弟弟妹妹和帮大人做家务的孩子，也不能每天参加，可以说学的人不认真，教的人也就走过场，热热闹闹，算是一场重在参与的政治活动。

郑家庄里的尕黑爷我还有点印象，记得他偶尔挂着根短棍到供销社来喝酒，也不说要几两，通常就是1毛钱的，供销社的熟人每次先打1两，他喝一大口以后再给他添满。尕黑爷有时也在铁匠铺那里，一边晒太阳一边看其他老汉下棋。有一次不知庄子里谁家半大小伙子惹了他，他提着棍子要打人家，吓得小伙子飞快地逃跑了，这留给我的印象是这个老汉真厉害。其实要是知道他就是兰州大名鼎鼎的"尕鞋匠"，无论如何也要跟他学习真功夫的，这也是隔代和年龄相差太远的缘故吧，终没有这个缘分。

虽说没有跟尕黑爷学武的缘分，但近水楼台也受些影响。我那时几乎每天早上6点半起床去跑步，一直跑到临近马滩的黄河边，暑假期间的上午锻炼时间更长一些。那时南滨河路向西只是到白云观前面一点，七里河区这边还没有修，马滩的黄河边是石头垒成的黄河大堤，路也是煤渣土路。靠近马滩村，现在金港城的位置，还是时常被河水淹没的洼地。所谓黄河大堤，也是马滩村、郑家庄与黄河对面的安宁村，相互压河道（一种垒石坝改变黄河流向增加土地的方法）抢土地的简易河堤。我每天跑步到那里，除了跟陈克信师傅偷学武术外，自己还练些乱七八糟的东西。记得有一年暑假里，我独自一人锻炼的时候，平时脸熟的郑家庄里的一个老汉，教我一些奇怪的练法，他说他不练套路，但知道一些功夫，他教我站在原地左右转身砍掌；用一个脚的脚面，踢另外一个脚的脚跟和小腿肚子，还教我原地跳跃和踩着乱石滩在河堤上跑，等等；教过几次就再也没有见过这位老汉。后来又来了一个穿着一身公安蓝服装的中年人，每次来都不戴帽子，领子上也没有领章，但他自称是兰州铁路公安处的王指导员，奇怪的是老汉教我的内容他都知道，他接着老汉所教的内容，继续教了我很多练法，还讲了老虎爪等软兵器的用法，就这样断断续续地交往，直到1981年秋天黄河发大水，河水将除马滩村以外的滩地淹没以后，我就和他断了联系。其实河水退了以后，我还专程去过很多次当时晨练的地方，但始终没有见到王指导员，一段缘分就这样永远成了记忆。当年我并不知道练的都是些什么，只是当着锻炼身体练习的，后来随着自己年龄和接触面的增加，逐渐明白是八门拳的辘轳换肩功法和一些轻功方面的功夫。

1980年以后，郑家庄的铁匠铺子改换了门面，两间小土房里的供销社

也已经搬迁到了别处，老汉们晒太阳的地方也改换到老郑家庄电厂的大门前（现郑家庄路与光华街十字路口正北口），但从那以后，我也再没有见过尕黑爷出来晒太阳。此时，梨树院里的武术也热闹起来，几乎每晚都有学员骑着自行车赶到院子里练武，我因为已经跟柳永孝老师学习武术，知道他们练的也是通备武术，这大概也是那个年代兰州的特色，受影视剧的影响，大开大合、猛起硬落、干净利索的兰州通备武术，广泛得到年轻人的崇拜，当时不少跟着八门拳老拳师练拳的年轻人，或多或少地都接触过兰州通备武术。

现在每当我回想起在郑家庄的青少年时代，就不能忘记我的武术启蒙师傅陈克信。我从七八岁偷偷跟着他屁股后面学，到大概十一岁时，他明里暗里地教我，我在那时很自豪的也算是在武术上有师傅的人，这让一些喜欢武术但没条件练武的同学很是羡慕。

陈克信师傅生于1940年，原籍河南武陟县，"文革"时期支援大西北来到兰州，兰州铁路局材料总厂退休职工。在我少年的记忆里，那时他跟韩殿海老先生学习武术，每天清晨都从郑家庄电厂大院跑步到马滩村的黄河边练武，之后再匆忙地跑回去上班，其间他也跟周围一些单位的武术爱好者交流学习。陈师傅脾气特别好，待人总是笑眯眯的，就是在武艺方面，不管别人如何说三道四，他都不争不吵，笑眯眯地巧妙回避。其实他练武并不追求多么高深的武功，也从来不虚夸炫耀，他就是抱守着淳朴爱好的那种执着，风雨无阻、默默无闻地践行着一个普通练武者的修为。

20世纪80年代后期，陈师傅单位上的工会为了丰富职工文化生活，选派陈师傅去陈家沟师从陈小旺学习太极拳，学成后他兼职单位太极拳辅导站的辅导员，为职工和周边太极拳爱好者普及太极拳。陈师傅最喜欢的是春秋大刀，几乎到了爱不释手的地步，通过长期苦练，他也练就了几个春秋大刀的绝活，特别是他前后穿插快速舞动刀花，再向上高高抛起接刀的绝活，很是吸引观众的眼球和掌声，每次表演到这里，都能掀起赛场上热烈的掌声。陈师傅也经常受邀参加省、市、区举办的武术比赛，甚至国内举办的国际赛事，他也参加过，并且取得了不错的成绩。

我跟陈师傅学习武术主要是在我的少年时代，陈师傅脾气好，容易让人接近，再加上没有啥老旧意识和门户观念，谁想跟他学，他都分文不取地教，正是这个难得的随和性格，一直以来到底有多少小孩子是陈师傅给启蒙的，恐怕他自己都说不清楚。其实，每个练武的人回头看自己少年儿童时期的经历，懵懂的年龄并不需要功夫多么高深的名家来教，因为少年儿童理解程度也达不到，除了跑跑趟子，练练基本功，其他功夫教了也是白教的。少年儿童时期主要以培养兴趣和习惯为主，只要有了毫不动摇的兴趣，以及良好的生活习惯，在这个兴趣和爱好的道路上坚持不懈地走下去，就会成为中华武艺历史传承的使命载体。

现今兰州的城市发展日新月异，变化也一年比一年大，兰州七里河区郑家庄也已经彻底成了城中村，我和陈师傅也都已经搬出郑家庄电厂大院，而电厂大院也早在20世纪90年代末彻底消失了，估计未来郑家庄迟早也会消失。如果兰州市的街道命名能保留些城市历史的印迹，或许郑家庄路会是未来对历史遗留的纪念吧！

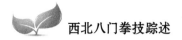

参考文献

[1] 洪正福 . 福建南拳的渊源、流派和特点 [J]. 福建体育科技 ,1982(1):14–17.

[2] 郝心莲 . 西域拳技：八门通背 [J]. 武魂 ,1986(5):9.

[3] 洪均生 . 陈式太极拳实用拳法 [M]. 济南 : 山东科技出版社 ,1989.

[4] 郝心莲 . 八门拳术 [M]. 北京 : 人民体育出版社 ,1990.

[5] 洪正福 , 林荫生 , 苏瀛汉 . 永春白鹤拳 [M]. 北京 : 人民体育出版社 ,1990.

[6] 郝心莲 . 八门绝技：炮拳·九环捶 [M]. 北京 : 北京体育学院出版社 ,1992.

[7] 侯尚达 , 方汝楫 . 天启棍研究 [M]. 乌鲁木齐 : 新疆科技卫生出版社 ,1993.

[8]《中华武术拳械录》编纂组 . 中华武术文库·理论部·中国武术拳械录 [M]. 北京 : 人民体育出版社 ,1993.

[9] 刘昫 . 旧唐书 [M]. 长沙 : 岳麓书社 ,1995.

[10] 常杰淼 . 童林传 [M]. 沈阳 : 春风文艺出版社 ,1996.

[11] 德虔 , 德炎 . 少林棍法大全 [M]. 北京 : 北京体育大学出版社 ,1998.

[12] 刘国梁 . 道符与《周易》[J]. 中国道教 ,2003(4):27.

[13] 佚名 . 薛丁山征西 [M]. 西安 : 三秦出版社 ,2003.

[14] 李森林.西棍大全:天岐棍 [CD].广州:广州俏佳人,2005.

[15] 许敬鸿,胡国军.八门拳与中国传统文化 [J].体育科研,2006(1):12-14.

[16] 厦门市佛教协会.厦门佛教志 [M].厦门:厦门大学出版社,2006.

[17] 马明达.说剑丛稿 [M].北京:中华书局,2007.

[18] 域外汉籍珍本编纂出版委员会.域外汉籍珍本文库 [M].北京:人民出版社,2008.

[19] 鲁勇,汪兵.西棍之冠:天启棍 [J].搏击,2009(4):26-28.

[20] 祁万强."中华武林百杰"中唯一的青海人 [EB/OL].(2009-07-15)[2021-05-20].http://www.qhnews.com/2009zt/system/2009/07/15/002774433.shtml.

[21] 方汝楫.西棍之冠天启棍 [J].搏击,2009(12):7-10.

[22] 王文元,马洁莹.西棍传奇:千年不衰的武林往事 [N].兰州晨报,2010-12-30(A40).

[23] 饶世树.西部武术技法天齐棍和调手鞭杆 [M].西安:西安地图出版社,2011.

[24] 刘鹏,唐军,李晓毅,等.天启棍之于《少林棍法阐宗》的研究 [J].中华武术研究,2012(Z1):16-19.

[25] 陈永兴.八门拳 [J].武魂,2013(3):34-36.

[26] 汪洋.失序与重组:民国时期甘肃地方政治与民族关系 (1929—1937 年) [D].武汉:中南民族大学,2013.

[27] 侯尚达,方汝楫,侯文琳.西棍之冠天启棍研究续编 [M].兰州:甘肃文化出版社,2013.

[28] 刘鹏.西棍之研究 [D].上海:上海体育学院,2014.

[29] 孔德胜,华静.天旗棍独具特色的西北名棍 [N].兰州日报,2015-08-11(R12).

[30] 罗懋登 . 三宝太监西洋记 [M]. 哈尔滨 : 黑龙江美术出版社 ,2016.

[31] 官桂铨 . 新发现的福州评话《少林寺》[EB/OL].(2017-02-17)[2021-05-20].

http://blog.sina.com.cn/s/blog_8dleadc40102wn60.html.

[32] 马兆祥 . 八门拳浅析 [J]. 中华武术 ,2018(5):84-85.

[33] 陈永兴 . 八门拳总谱 [M]. 兰州 : 甘肃教育出版社 ,2018.

附录　八门拳在新疆的发展

尚自正　新疆乌鲁木齐八门拳研究会秘书长

一、新疆八门拳的历史简述

作为西北五省流传比较广泛的传统武术八门拳，在新疆习练较多的主要在乌鲁木齐、昌吉、伊犁、哈密巴音郭楞、喀什、和田地区，具有代表性还是区府乌鲁木齐地区。

20世纪80年代，蒋少金、李栋、董吉星、刘景山、温孝棠、沈贵祥等人，将分散流传在新疆的14个八门拳套路及功法挖掘整理出版《新疆拳械录》，根据《新疆拳械录》载："新疆八门拳的传入，始于乾隆年间的马大爷"，但此说至今没有发现任何史料记载，但可以肯定新疆八门拳主要是从甘肃、宁夏传入新疆的。据《新疆拳械录》和一些老师傅介绍，新疆八门拳主要是由甘肃兰州人闵世杰（人称金背蛤蟆）、谢教师、马儒林、徐德魁，青海人丁保国、冶心子（人称冶教师）、马国礼等人来疆传授的。

民国时期，甘肃武威人董礼文、青海人徐德魁来新疆传授八门拳。青海人徐德魁从丁保国习得八门拳后，在新疆广传弟子，其中马儒林、马文泰、温孝堂、蒋焕章等成为其得意门生，成为八门拳在当地的传播者。

新中国成立后，甘肃兰州人范庆林、李溶瑞，甘肃武威人黄继真、马文泰、马洪俊、姜焕章、文晓堂、贾万福、蔡光辉、李宗德等来新疆传授八门拳棍。尤其是1959年李宗德担任新疆维吾尔自治区业余体校武术教练，为新疆培养340多名业余武术运动员，这些运动员都学习过八门拳棍。

二、新疆八门拳的现状

八门拳的习练特点主要是依据八卦中的"生、死、休、伤、景、开、杜、惊"生成八门八打"踢、打、摔、拿、撩、挑、钩、挂"。习练时其身形以八字开合。手上下翻转阴阳步下踏八卦，劲道发力同形意拳。其主要表现形式有：一交、二分、三阴阳、四抓拿、五斜展、六刹步、七撞靠、八跤法。闪展腾挪有独特之处，强调手、眼、身、法、步的高度协调。在演练中讲究起一、进二、眼窥三、承前四、相连五、转为六、变化七、一字出洞八字合，高度概括了八门拳演练之内外联系和变化规律。主要内容包括腿法、展（斩）法、靠法、跤法。整体运动协调、奥秘无穷。

在新疆主要习练的拳术套路有：八门掌（斩）、八门芯子、封手八快、封手母子、十排手、分手、八门斩、二斩母子、九子连环锤、八门通背锤、撕拳、登州锤、八门母子、八门连环掌、驰平手（八门手）、炮拳等，用于两人交手的拳排子有大八排、六合排子等。其中久练不衰的还有二展母子、九子连环锤、八门通背锤、撕拳、登州锤、炮锤及单拳类几十种套路。器械有天齐（启）棍、进山棍、出山棍、八虎棍、扭丝棍、行者棍、达摩棍、盘龙棍，还有八仙条子、梅花条子、大枪、大刀、单刀、剑等上百种套路。特别是在中华武术中极具地方特色的西路鞭杆，有黑虎鞭杆、七星鞭杆、滚龙鞭杆、阴手鞭杆等。

八门拳械地域分布总体呈现北疆多、南疆少和以乌鲁木齐为中心的特点。北疆传布拳械的城市多，流传拳械也多，南疆传布拳械的城市少，流传的拳械也少。北疆主要包括乌鲁木齐市、昌吉市、石河子市、奎屯市、克拉玛依市等，其中乌鲁木齐市流传的拳械最多。

为了继承和发展民族传统文化精髓，推动全民健身计划和武术活动，在乌鲁木齐市武术协会的大力支持下，经乌鲁木齐市体育总会发文，市民政局社团管理处注册备案，于 2002 年 11 月成立了市武协下属的二级分支机构"八门拳研究会"。

研究会组成情况：

名誉会长　沈贵祥

会　　长　李润成

副 会 长　冯忠志　刘振玉　孙进刚　田云鹏　王晓忠

秘 书 长　尚自正

副秘书长　张　锋　曹泽兵

在乌鲁木齐市以八门拳研究会成员为活动骨干的武术爱好者中，主要在人民公园、人民广场、水磨沟地区有较多的习练者。

三、八门拳研究会组织和参与的比赛活动

（一）2003 年新疆维吾尔自治区"华凌杯"武术套路锦标赛

比赛地点：华凌商厦六楼多功能厅

参赛情况：全疆及兵团参赛代表队 40 多个，运动员 400 多人。此次参赛的八门拳拳术类有：展母子、二展母子、登州锤、八门掌、封手八快、

封手母子、六路手等套路。长器械有：进山棍、天启棍、八虎棍、罗家枪、关公大刀等。短器械有：绵袍剑、黑虎鞭杆、滚龙鞭杆、燕青单刀等。

比赛结果：

传统拳术第一名：李润成（封手母子）

器械类第一名：冯忠志（天启棍）

（二）2005年7月新疆维吾尔自治区首届体育大会武术比赛

比赛地点：新疆师范大学体育馆

比赛结果：经过多日比赛，八门拳三个代表队获得地方传统拳类的好成绩

地方传统拳第一名：曹泽兵（二展母子）

长器械类第三名：应天金（天启棍）

短器械类第三名：尚自正（燕青单刀）

（三）参加2011年新疆武术运动管理中心承办的"中国·新疆国际武术邀请赛"

参赛的传统八门拳套路有：封手母子（李润成男子E组）、十排子手（沈贵祥男子E组）、二展母子（曹泽兵男子综合组）、八门掌（陈宝良男子综合组）、四平锤（田文辉男子综合组）、封手八快（谢国庆、王孝忠男子综合组）等。

后　记

　　武术对我的影响最先是邻居韩殿海老先生。在兰州郑家庄电厂平房大院，我家是 1 排 2 户，韩殿海老先生是 2 排 1 户，我们是一个巷道斜对门的邻居，两家又都是由北京良乡电力修造厂支援兰州来的，所以彼此很熟悉。韩殿海老先生经常在自家门前小院里练武，刀、枪、棍、棒、九节鞭、绳镖，这些对小孩子都很有吸引力，时常有隔着篱笆偷看的，还惹得老先生很是不高兴。1973 年电厂大院成立向阳院武术队，请韩老先生当教练，我也就跟着接触了点基本功和一段查拳，其实没过两个月武术队就名存实亡了，韩殿海老先生也就没有继续教下去。我们向阳院的故事虽说不是很精彩，却让我从此喜欢上了武术。由于苦于没人给教，自己就想办法偷偷跟着韩老先生的徒弟陈克信后面瞎练。陈师傅脾气好，也住在电厂大院，我偷偷跟着他练他也不管，后来索性背着韩老先生偷偷给我教他所学的武术，就这样陈克信师傅成为我的启蒙师傅。那时认师傅也不懂啥规矩，只是把原来的称呼"陈叔叔"改成"陈师傅"就行了，"破四旧"年代以后的孩子也很有意思，大人们不太敢讲传统民俗的东西，所以也不懂啥师爷的概念，这就让韩老先生更不满意，其实在我偷学的过程中，遇到韩老先生高兴时也会指点，就这样我连偷带学，学了点少林连环拳、武松刀、疯魔棍、青龙剑的皮毛，至今还很是惭愧遗忘了很多。

图1　20世纪90年代与陈克信师傅在兰州黄河边合影留念

1982年和1983年，受到电影《少林寺》和电视剧《武松》的影响，国内掀起了狂热的武术热，受到当时影视功夫和武术表演的影响，国内年轻人都非常羡慕和崇拜舒展大方好看的武术套路，并将"觉远"李连杰、"武松"祝延平、"秃鹰"计春华、"昙宗师傅"于海、"王仁则"于承惠等影视名人视为偶像，模仿他们的艺术形象成为武术爱好者的时尚。受此社会风潮的影响，偶然的一次机会，我在路过兰州兰园体育场时，看到了甘肃省武术馆的招生布告，便与好友崔国斌商量后，一起报名参加了甘肃省武馆武术学习班。

图2　20世纪80年代好友崔国斌、甄长红、崔晓军练拳照

图 3　20 世纪 80 年代与好友甄长红练拳照

图 4　20 世纪 80 年代编者与青少年时练拳好友合影留念
（右一崔晓军，右二吕群，中间刘震，左一甄长红，左二崔国斌）

　　20 世纪 80 年代初，甘肃省武术馆馆长是邸世礼老先生，我们的教练是柳永孝老师，因为是学习班，习惯上我们一直称呼他为柳老师。邸世礼老先生在开课的那天做了简短的讲话，以后的一年多只来过三四次指点一下，其余时间都只是柳老师授课。学习班每周一、三、五晚上七点开始，说是到九点结束，实际上每次几乎都到了九点半。起初学习地点在兰园省武馆门前，后来转移到了儿童公园（现城关黄河大桥桥南市民广场）。近两年的时间，我们学习了通备十趟弹腿、一路劈挂、三路劈挂、翠八翻、站桩翻共计5个套路。1984年下半年我高三开课后，由于学习紧张，无奈退出学习班。因我从小练过一点，且一直在坚持，还算有点底子，在学习班里成绩也还算可以，这也让柳老师在我离开时很是惋惜。离别时他特意鼓励我，不要放弃练武，努力学习，以考大学为主。其实柳老师不折不扣是我第二个师傅，从他这里我比较系统地学习了一些现代武术知识，也学到了一些兰州通备门的徒手武艺，这对于十六七岁打基础的年轻人来讲是很重要的。1984年的离别，等再见到柳老师时已经是近20年后的事情了，而此时我已经跟随韩光明师傅习武10多年，跟随尹兆禄师傅习武4年多，跟随李福安师傅也有1年多了。其实门户间的琐碎并没影响我们的师生关系，我依然尊称他为柳老师，他因严重的糖尿病已经病退，武艺方面也是有兴趣了就比画两下，毕竟身体条件已经不允许。他看到我居然还记得武术班所教授的套路，非常高兴，并且感慨说几届学习班教了不少学生，像我这样没有放弃仍然坚持练的人很少。以后几年，我还见了柳老师三四次，但突然有一天听说柳老师已经病故了，让我吃惊不小，也非常自责，最后也没能送他一程，这也成为我终生的遗憾。

图5　2003年作者与柳永孝老师在兰州五泉山合影留念

大学四年，学习之余我的爱好就是练武，从小已经养成习惯，到时间不去活动活动总感觉缺少什么。在陕西汉中古褒城的连城山下、陕西工学院的中心操场上，几乎每天晚自习后，我们一帮武术爱好者都会自发地约会到这里，大家一招一式地冲拳踢腿、擒拿格斗，夜风中纵蹦跳跃，皎月下刀光剑影，即使蒙蒙细雨中也时常会有棍棒交加，我们一边学习，一边坚持练武，就这样欢快地度过了紧张的大学生活，我们每个人也都留下了美好难忘的记忆。

图 6　20 世纪 80 年代陕西工学院武友习武掠影

（中间从右到左：前排——董学民、高涛、赵戎；后排——蒋建波、吕群、嘉世刚、帅海荣）

老实说 20 岁以前，我对武艺的认识更多是趋向于武术表演，实战也是靠年轻、体能好、简洁明了几下沾光的，对于武艺真正博大精深的一面认识很浅。实际上我对武艺的深刻认识，还是遇到韩光明师傅以后才建立起来的，这也是自己始终不离不弃、坚持习武，以及到了年龄后的自然所成。对于武艺研习，人不到而立之年，真是意识不足，研习与实战又是不同，因为实战只要有实战经验和技巧，弄精几个招数，一辈子就足够用了，但研习不同，研习是要弄清楚所学的每一招儿，所以这不仅与习武经历有关，还与年龄阅历有关。

1992 年春天的一个早上，我在兰州小西湖公园游玩时，遇到一位老者在给人教拳，出于爱好我就多看了一会儿，越看越觉得老人所讲的条条在理，手脚上老人也是干净利索、巧妙合法，这就一下子打动了我拜老人为师学习民间武艺的念头。打听到老人非常保守，轻易不肯教人，我就先与老人的徒弟马春兰学习，后经马春兰引荐，正式拜老人为师，就是这样的用心良苦，我有幸结识了韩光明师傅，并得到韩师傅的认可，正式成为他老人家的徒弟。

韩师傅家住在伏龙坪山上的望垣坪，起初跟他练拳时主要在小西湖公园，有时晚上也会去兰州第八中学王道生师哥那里，只是偶尔去望垣坪的家里，后来他搬到了五泉山禄家巷小区，练拳的地方就主要是五泉山了。韩师傅教授武艺有个特点，每次见面你不说，他不教，天南海北的和你瞎聊天，你说学拳，他才教，教之前又先改前面的毛病，对于徒手方面他要求很严，一招一式不到位，他都不往后教了。本来我以为跟他学武应该很快，但是很快我就认识到不是那么回事，在他一丝不苟的要求下，仅撕拳、炮拳我就学习了将近 10 年才完成，就这每次练习他依然能指出诸多不足，也正是这种传授风格，跟他习武的不少人都难以长期跟随，不过在棍术方面他教得却相对比较快，这大概是老艺人很看重基础的原因。韩师傅教武艺还有一个特点，最初在棍术方面给徒弟教的尽量不重样，在我们这些关门徒弟中，王道生重点学的是群羊棍、压山条子、天齐排子；贺宝元重点学的是六合条子、黄龙棍、天齐排子；我重点学的是桑门条子、天齐棍、天齐排子；汪玉武和汪佑军父子，以及他的外孙张忠习武时，韩师傅年龄已经近80岁了，所以学习撕拳、炮拳的同时，穿插学练六合条子。由于老趟子的武艺都比较短，我们私下死缠硬磨地又学习了其他内容，韩师傅在我们彼此间不会提及，我们也都彼此心照不宣。

韩师傅80岁以后就很少再教拳了，大多的时间只是聊聊历史和拳理，因为我已经在外地工作，所以主要在春节期间看望他老人家时能多聊一会儿。记得2017年的春节，他因疾病已经长期卧床，几乎生活都不能自理，见我来看他非常高兴，也显露出很大的毅力，硬要自己下床跟我聊天，临别时他老人家感慨地说："这是最后一面了！"我尽量鼓励他会好的，好了我们继续喝酒、打拳，但不承想，真如韩师傅所言，那成为最后一次见面了！出于对韩师傅的怀念，一年后的2018年，我写了《天启棍和天齐棍是同一种棍法》的文章予以悼念。

图7　20世纪90年代在兰州五泉山与韩光明师傅（右二）、马文钰、霍菊英合影留念

我每次去五泉山练武都是骑着自行车前往，回来的时候喜欢从南滨河路返回，一方面可以欣赏黄河两岸的美好风景，同时由于南滨河路的黄河沿岸又是兰州武术爱好者习武的最佳选择地，因此在欣赏风景的同时，可以观看学习其他练武者的优点及特长。1999年的冬天，南滨河路的黄河沿岸也进入冬季的萧条，那个时候兰州空气污染虽然已经有所改观，但相对还是挺严重的，因此这个季节出来练武的人也少了许多。大约是某天上午10点钟，我在经过兰州市地方海事局（兰州港码头西侧）门前时，看见两位老人非常执着地在寒风中习练棍术，假如在以前我满脑子表演武术的概念下，或许也会像匆匆路人一样，但很幸运的是此时我对武艺以及西北的棍术已经有了全新的认识，很快就辨认出这两位老人习练的武艺是我们兰州地方武艺中非常古朴的传统武艺，这个武艺特点吸引住了我，于是我从顿足观看，到凑近攀谈，再到诚恳拜师学艺，这样我有幸拜识了尹兆禄师傅。

图8　2002年编者与尹兆禄师傅（中）在南滨河路兰州市地方海事局前合影

我拜尹兆禄师傅学习武艺，最初并不知道他的大名，所以这与慕名前往者不同，我是完全被他那古朴精湛的武艺所吸引，当知道他与兰州几位名家齐名，很早被赞誉为"四大奇才"著称兰州武林时，更是感到由衷的敬意。随后的几年里，只要双休日的上午有时间，我就骑着自行车赶到南滨河路兰州港码头西侧的海事局门口小广场，那里是尹师傅定点教拳的地点之一。尹师傅没有来，我就自己练习，尹师傅来了就恳请师傅指正和学习新的内容。在尹师傅的悉心传授下，我系统学习了蒲团棍的棍法内容，后来尹师傅知道我没有跟韩光明师傅学习枪法和鞭杆，他特意给我传授了高家枪、鞭杆等具有八门拳派风格的武艺。同样，当他知道我跟柳永孝老师学过兰州马家通备武艺，但没有系统地学习二路劈挂拳时，尹师傅又给我传授了二路劈挂拳，这样从套路上我就完整掌握了三个劈挂拳套路。在跟尹师傅学习武艺的过程中，尹师傅不仅手把手地认真传授每一个动作，而且毫无保留地将自己收集整理的武艺歌诀谱子赠送给我，更难能可贵的是，他将自己平生所学录制的影像资料也赠送给我，一些资料甚至已经是绝无仅有的历史珍贵资料。尹师傅时常对我讲："你们是文化人，以后能够写些文章，整理一下我们的好东西。"带着尹师傅这份期望和寄托，也促成我下定决心整理和出版"我们的好东西"。实际上也可以说正是有了尹师傅的教诲和期望，我才有了写点什么的责任，这个责任也推动着我出专著的决心。其实按照现在的社会潜规则，如不需要评武术专业的教授职称和高级别段位，也不需要给自己名头上添加光环的话，出专著几乎就是赔钱赚吆喝的买卖，但我想"好东西"是能够经受住考验的，完全可以不为名、不为利，只为践行一份时代的责任。

很早我就耳闻兰州封手拳的大名，而且20世纪80年代初期听人介绍时，讲得也是神神秘秘的，似乎封手拳已经失传的样子，这让我知道该拳是非常实用的神秘拳种，苦于当时消息闭塞，以及封手拳保守隐秘的传承方式，我始终不知道兰州封手拳是否还有传续，且掌握在何人手中。也许是命运与缘分吧！2002年的春天，居然在家门口的黄河边遇到了一位手法非常凌厉的老人。同样是不知道姓名，仅凭着自己的直觉，完全冲着精湛的武艺，没有慕名投师的私利与欲望，也是从顿足观看，到凑近攀谈，再到诚恳拜师学艺，就这样我又拜识了李福安师傅，等到后来知道李师傅是兰州土门墩封手门第五代传人的时候，我感到万分荣幸的同时，深深地感叹"功夫不负有心人"这句老祖宗的谚语，我与韩光明师傅、尹兆禄师傅、李福安师傅的缘分，恰恰就是这样不失时机出现的，这也让我由衷对当今青少年武术爱好者们提一点建议，不要过于追随虚浮的名气，表演武术很多名气实际上是表演得来的，这就让一些心术不正的人容易钻空子。在骗子、伪大师满天飞的年代，要培养自己的能力与认知，有了认知的眼力，就可以辨别武艺与人性的真伪，避免自己上当受骗，而且只要精诚所至，持之以恒，必定能寻访到真正的传武者。

**图 9　2003 年冬季李福安师傅（中）、兰关宝先生、廖德凯先生
在黄河边合影留念**

李福安师傅是个非常直爽的人，只要他认为你人品不错，又是个学武的材料，他就毫不保留地教你，他常说："好徒弟没啥不教的，怕多的你学不去呢！"每天清晨 6 点多钟，李师傅就早早地来到兰州安宁黄河大桥南侧滨河路的黄河边练拳，等各位徒弟赶到时，他已经把自己该练的练完了，只专心地开始教拳。李福安师傅是将兰州封手拳从农家深宅大院隐秘传习，推广到大庭广众的第一人，并且多次在全国甚至国际舞台上展示兰州封手拳的风采，可以说在李师傅之前，国内有知道西北八门拳的，但很

少有知道兰州封手拳的，在李师傅的辛勤努力下，兰州封手拳已经被国内广大的武术爱好者所熟知。我跟随李师傅学习封手门拳术的时候，兰州市甚至甘肃省内以及国内，不少的武术爱好者都慕名而来，拜李师傅为师学习封手门拳术，一些过去不被人所知的拳术，也得到了很好的传继。在跟随李师傅习武的几年中，我先后学习了小母子、手母子、斩母子、棋盘母子、陆步架子（撑拳）、子母连、封手、郑江锤（封手2）、乱八步（封手3）共计9个套路，真如李师傅讲的"怕多的你学不去呢！"后来李师傅说还要教八法母子、叠展母子等，我自己感到实在无精力再学，就主动放弃了，这也是对"怕多的你学不去呢！"投降了。这还真是不服不行！其实套路只是记忆演练的东西，武艺内涵关键在技法，在这一点上李师傅也支持我的观点。

图 10　编者与李福安师傅（左二）、兰关宝先生（右二）、

廖德凯先生（右一）合影

回顾自己的习武道路，随着对武艺的不断深入了解，这也包括老艺人言谈举止方面的影响，自己逐渐明白和理解了一些不寻常的现象，其中也包括自己在武艺上的传继，这个不寻常就是八门武艺的传承往往并不是家族式的传继，我的诸位师傅的子女都没有继承父辈的武艺，如果再向上看封建社会时代的众多祖师爷，几乎子不承父业的占了绝大多数，这个现象与全国其他地方的武艺传承截然不同，这里固然有子女是否喜爱的因素，但这并不是根本的理由，假如从小强迫着学，未必会不了解一拳半腿的内容，再说如此多的祖师爷都没有将武艺当宝贝传给自己的子女，因此不传外姓的说法在八门拳派里就是无稽之谈，这个现象其实就预示了八门拳派存在一个独特的传承理念。因为传统的八门拳派认为，武艺不是表演的花拳绣腿；武艺不是迎合旁观者的掌声与喝彩；武艺不是练给别人看的；武艺不是健身运动；武艺是练给自己的；武艺是杀人技，艺不精必受其害；"穷死不卖艺、饿死不乱法"；"山外有山，人外有人"；"宁让失传，不叫乱传"；等等。循着这个理念总结成一句话就是："武艺是害人的东西。"广义上讲武艺害人害己，假如最初就不要学它，不要打打杀杀，不要手毒心狠，一辈子心平气和、善始善终，哪里会有恩恩怨怨、坎坎坷坷？这或是《八门宗略·武德篇》的本意所在吧！

我习武的过程是多样性的，也代表了我们这一代人的时代特征，我们要比老一代人幸运很多，毕竟遭遇的保守封闭经历要少，这也就有机会接触到更多不同风格的东西，但功夫作为武术发展的60多年里，我们也经历了武术的种种乱象，在趋利性、空心化、舞蹈化、商业化等思潮的影响下，民间伪大师、假宗师等骗子更是越来越肆无忌惮，伴随这些虚伪人物，虚假宣传、玄幻学说、歪理谬论、信口雌黄等糟粕也越来越乌烟瘴气，民间传统武艺也受到了很大影响，长此以往，中华功夫的未来也令人堪忧，我们这代人作为中华功夫的传继者，有责任将我们所学到的武艺进一步挖掘与整理，也有义务原原本本地记录老艺人坚守传承的内容，为中华武艺的传承与发展，尽自己微薄的力量。

吕　群

2019 年 10 月于北京